美容室でできる

アピアランスサポートマニュアル

NPO法人 全国福祉理美容師養成協会（ふくりび） 著

女性モード社

ほら、早く食べなさい
遅れるわよ!
はーい!
もぐ
もぐ
行ってきまーす!

ママ、行ってきまーす！
ようちえ

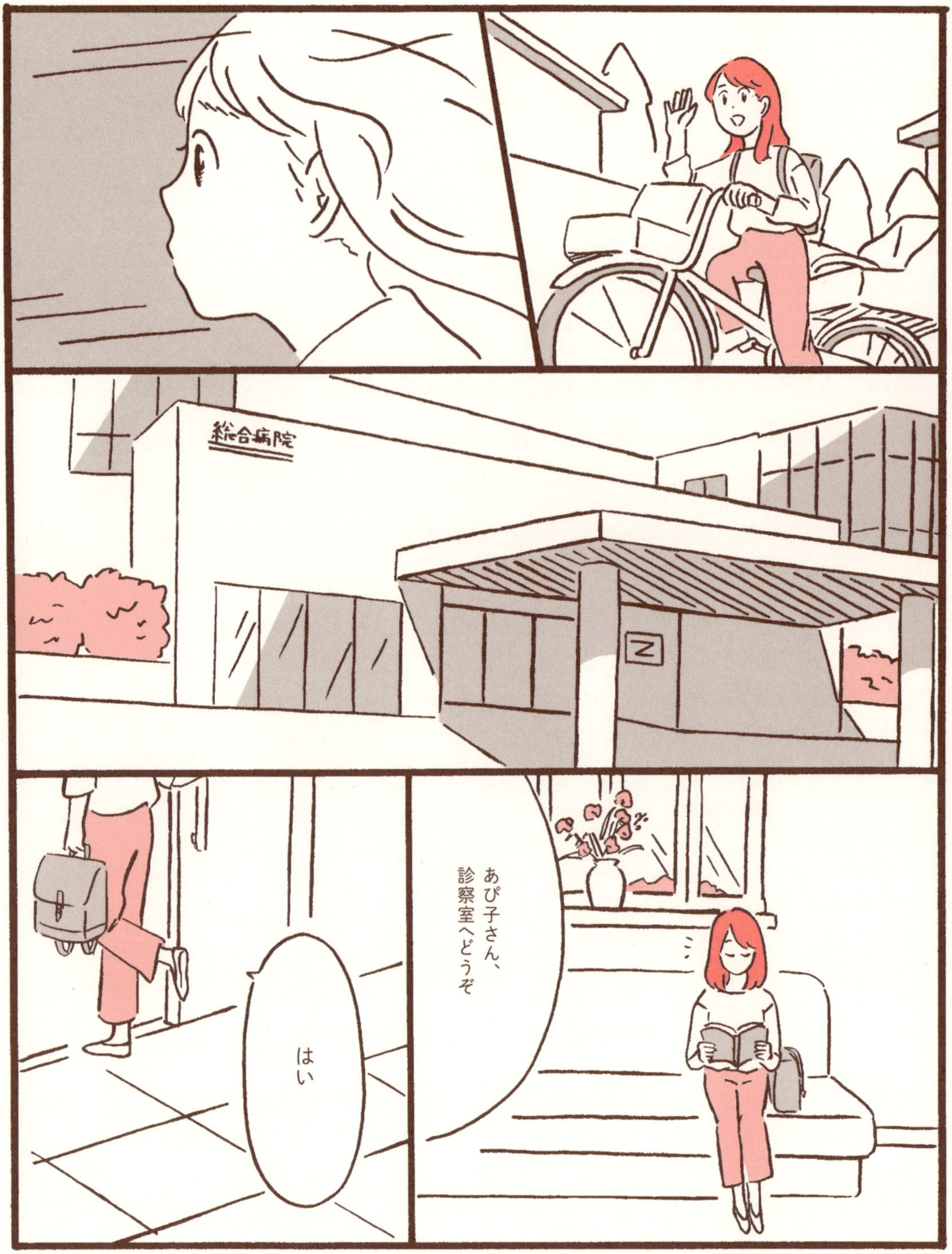
総合病院
あぴ子さん、診察室へどうぞ
はい

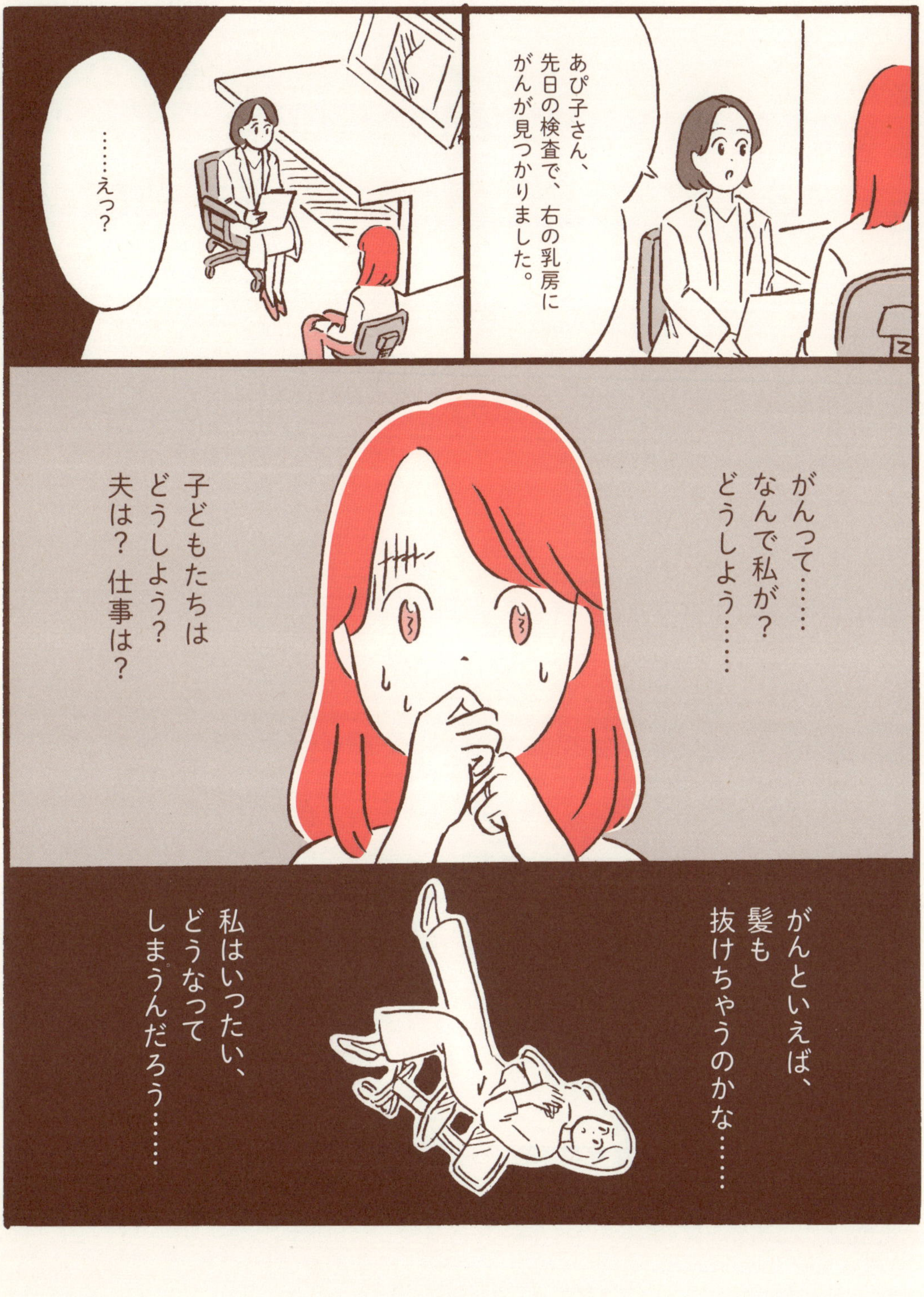
あぴ子さん、先日の検査で、右の乳房にがんが見つかりました。
……えっ？
がんって……なんで私が？どうしよう……
子どもたちはどうしよう？夫は？仕事は？
がんといえば、髪も抜けちゃうのかな……
私はいったい、どうなってしまうんだろう……

はじめに

美容室での「アピアランスサポート」を当たり前のサービスに

皆さんは、「アピアランスサポート」という言葉を聞いたことがありますか？まだまだ一般的ではないこの言葉を、美容師さんに知ってもらい、実践してほしいという思いから、この本は生まれました。

日本はいまや、「2人に1人ががんになる」といわれる時代。仕事をしながら、がん治療を続ける人は大勢います。そんな闘病中の人々を悩ませているのが、脱毛など、治療の副作用などによって起こる外見の変化。痛みもかゆみも伴わない容姿の変化が、がんと闘う人々に大きな苦痛を与えているのです。

実際、お客さまからウイッグやダメージネイルの相談を受ける美容室も増えているようですが、知識や経験がないため断ってしまったり、満足なサービスを提供できなかったり、といったトラブルも、多く聞かれるようになりました。

ふくりびでは、２００９年より医療用ウイッグの取り扱いを開始し、15年には全国初となる常設のアピアランスサポート専門施設を愛知県に開設しました。そこでは、看護師・美容師・ネイリスト・エステティシャンがチームとなってウイッグの相談・作成、ネイルケア、ハンド・フットマッサージ、付けまつ毛や眉毛のメイクアドバイスなど、外見に関する支援を行なっており、これまでに１０００人を超えるお客さまのサポートをしてきました。その中で培った技術のノウハウやカウンセリングのポイントなどを、全国１００軒を超える医療用ウイッグパートナーサロンに伝えています。

本書は、病気や治療の影響によって髪・肌・爪に悩みを持つお客さまに対し、美容の専門家が適切なサポートを提供するために必要な知識と技術を、必要なところは医療の専門家に協力を仰ぎ、まとめたものです。

もし明日、本書に登場する「あぴ子さん」のように、あなたのお客さまがサロンに相談に来たら……。そんな想像をしながら、読んでみてください。

CONTENTS

美容室でできるアピアランスサポートマニュアル

アピアランスサポートとは
Introduction

闘病中の容姿の悩みに寄り添う技術

アピアランスサポートとは、病気そのものの影響や治療の副作用として現れる、髪・肌・爪などの外見の変化に対して、お客さまの不安や悩みを取り除くための美容サポート全般のこと。特に、がん治療に用いられる「抗がん剤」は脱毛や肌のくすみ、爪の変形・変色といった容姿の変化を伴う場合があり、多くの人々を悩ませています。美容の技術と知識を駆使し、たとえ闘病中でも「いつもと変わらない日常」を過ごしたいというお客さまを手助けするのが、アピアランスサポートです。

Appearance =外見
Support =支援

直訳すると、「外見（の変化）を支援する」こと。

「心」と「生活」を支える

心と体の回復のバロメーターとして、「化粧ができるようになった」という患者の行動をチェックする医師もいるほど、外見は重要な要素です。病気になっても、父親・母親といった役割は休めませんし、仕事や対人関係など社会とのつながりが断たれることもありません。アピアランスサポートの果たす役割とは、単に外見を装うという観点からではなく、お客さまの生活を、そして大切にしている「自分らしさ」を支えるために、大きな意味を持つのです。

※似ているワードに「アピアランスケア」がありますが、これは医療従事者が患者さんへ向けて行なう包括的なケアのこと。これに対し、「アピアランスサポート」は、脱毛、爪の変形……といった一つひとつの悩みに対し、症状をカバーするための美容技術を提供すること。アピアランスサポートは、アピアランスケアの一つの手段と捉えられています。

美容室でできる
アピアランスサポート

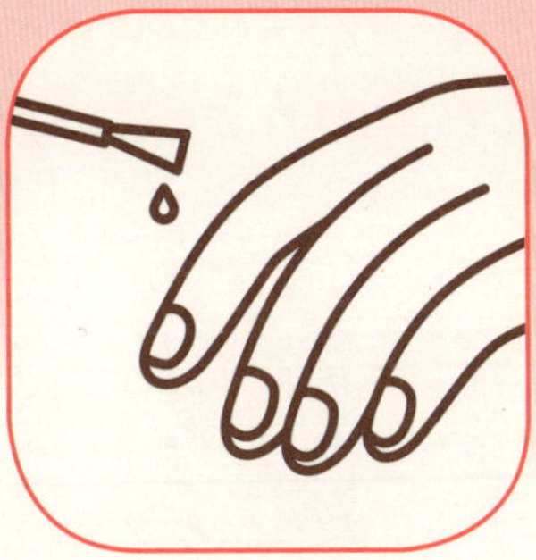

ネイルケア

ウイッグ提案

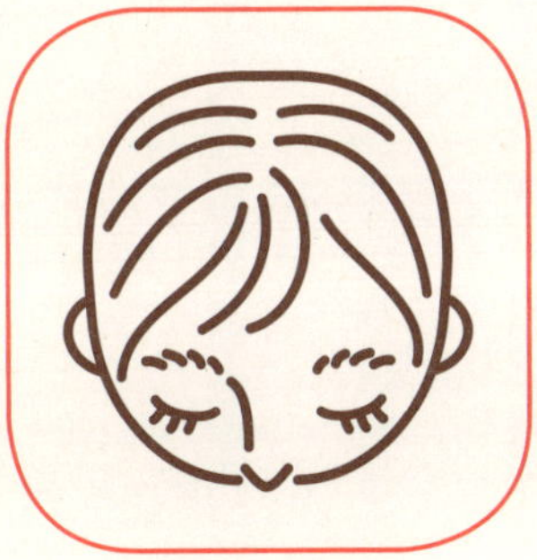

再発毛後の髪
&頭皮ケア

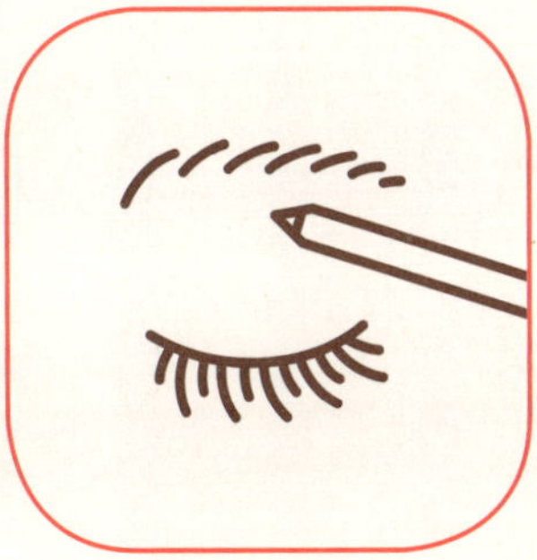

眉やまつ毛の
メイクサポート

スキンケア
アドバイス

ライフイベントのサポート
（着付けやヘアセット、メイクなど）

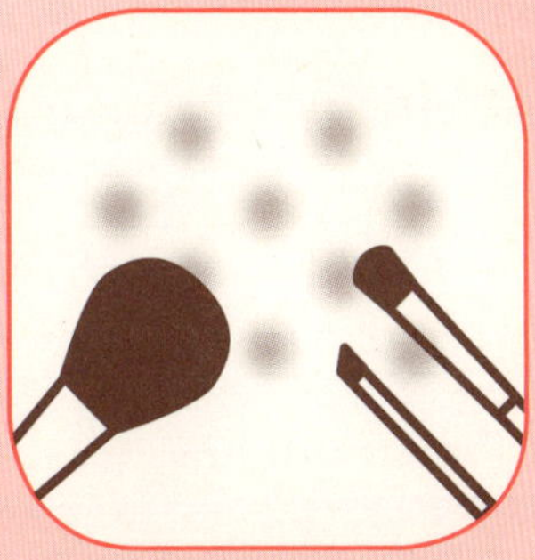

くすみや発疹などを
カバーするメイク提案

…etc.

アピアランスサポートのニーズは上昇中

がん罹患数の推移

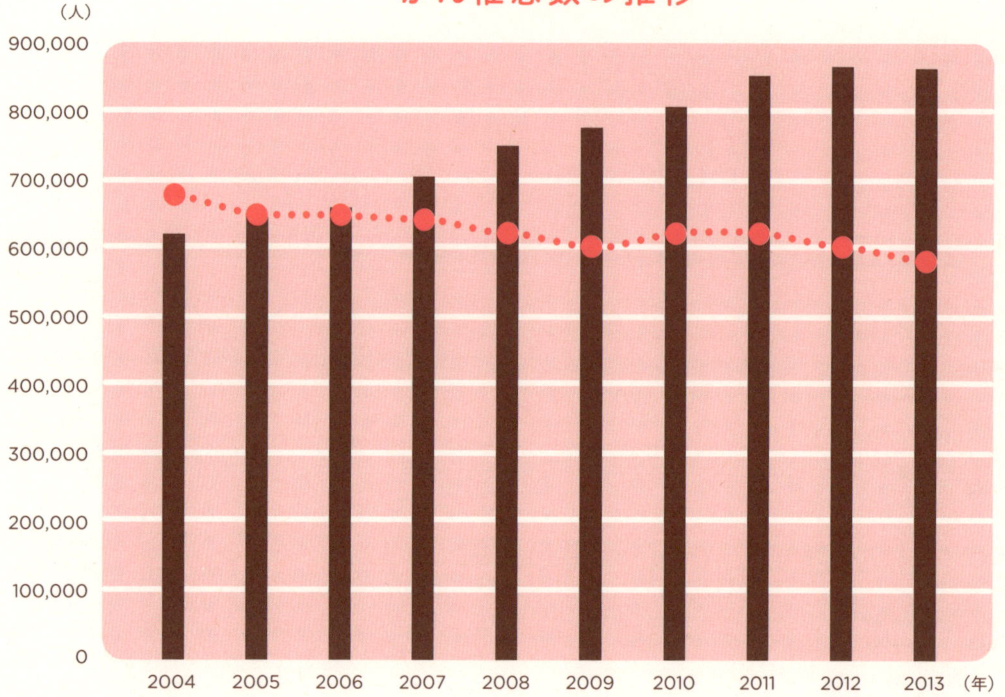

新規患者数(人)

生産年齢人口(15歳～64歳)の割合(%)

出典/国立がん研究センターがん情報サービス「がん登録・統計」

がんと診断される人が増えている

上のグラフは、1年間で新たに「がん」と診断された人数を表しています。ご覧の通り、2004年の62・3万人から、13年には86・2万人まで増加。うち、15～64歳の生産年齢人口がおよそ3割に上ります。なお、17年の新規がん罹患数は、約101・4万人と推測されており、年々、増加傾向にあることが分かります。

日本人ががんになる確率は……

一生のうち、

2人に1人

日本人が生涯でがんになる確率は、

男性が62%、女性が46%。

誰もが、がんになるリスクを抱えているといえる。

出典／国立がん研究センターがん情報サービス「最新がん統計」（2017年12月発表）

がん患者の5年相対生存率

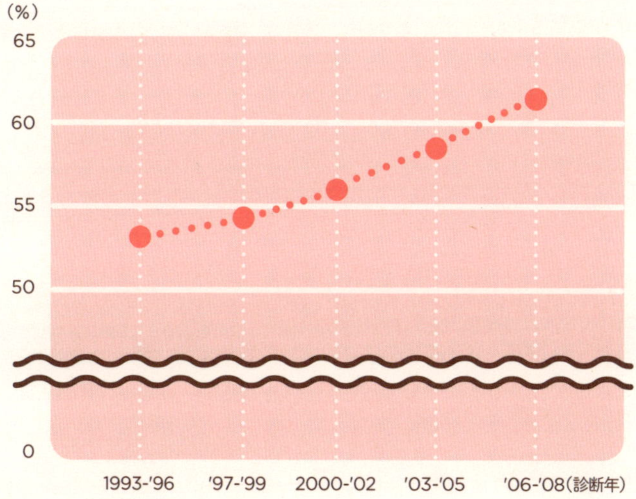

「がんと共に生きる」時代へ

左のグラフは、がんと診断された人が5年後に生存している割合を、日本人全体で5年後に生存している割合と比較し表したもの。この十数年で、生存率は10%近く上昇している。

出典／全国がん罹患モニタリング集計 2006-2008年生存率報告（国立研究開発法人国立がん研究センターがん対策情報センター，2016）、独立行政法人国立がん研究センターがん研究開発費「地域がん登録精度向上と活用に関する研究」平成22年度報告書

がんは意外と身近

もしかすると、皆さんの中にも、家族や友人・知人、お客さま、または自身が「がん闘病中」という方がいるかもしれません。上にあるように、現在、日本人が生涯でがんになる確率は「2人に1人の割合」といわれており、私たちにとって、がんは身近な病気であることがうかがえます。しかし、それと同時に生存率も上昇しています。厚生労働省が16年にまとめたデータによると、「仕事を持ちながら治療のため通院している」人は、およそ32・5万人※。もはや「がん＝死」ではなく、「がんと共に生きる」時代です。アピアランスサポートのニーズは今後、ますます増加することが予想されます。

※厚生労働省「平成22年国民生活基礎調査」を基に、同省健康局にて特別集計したもの。

登場人物

がんと診断された「あぴ子」と、美容師の「赤木さん」とのストーリーを通して、
アピアランスサポートの流れを把握し、続く解説ページで基本をしっかり学びます。

赤木さん

あぴ子が通う美容室の店長。

あぴ子

仕事をしながら家族と幸せに暮らす35歳。
ある日、がんと診断されて……。

あぴ子の長男

あぴ子の長女

あぴ子の夫

美容室のスタッフたち

がん相談支援室のスタッフ

医師

アピアランスサポートに欠かせない

がん治療と副作用の基礎知識編

1 PART

アピアランスサポートの対象となるのは、何らかの病気によって外見に変化が生じてしまったお客さま。特に、治療の副作用などにより、外見に変化が起こる病気として知られるのが、がんだ。まずは、その基礎知識を押さえておこう。

PART 1監修／トヨタ記念病院
杉野安輝（副院長兼化学療法科科部長）　福田仁代（がん化学療法看護認定看護師）　荒川裕貴（がん専門薬剤師）

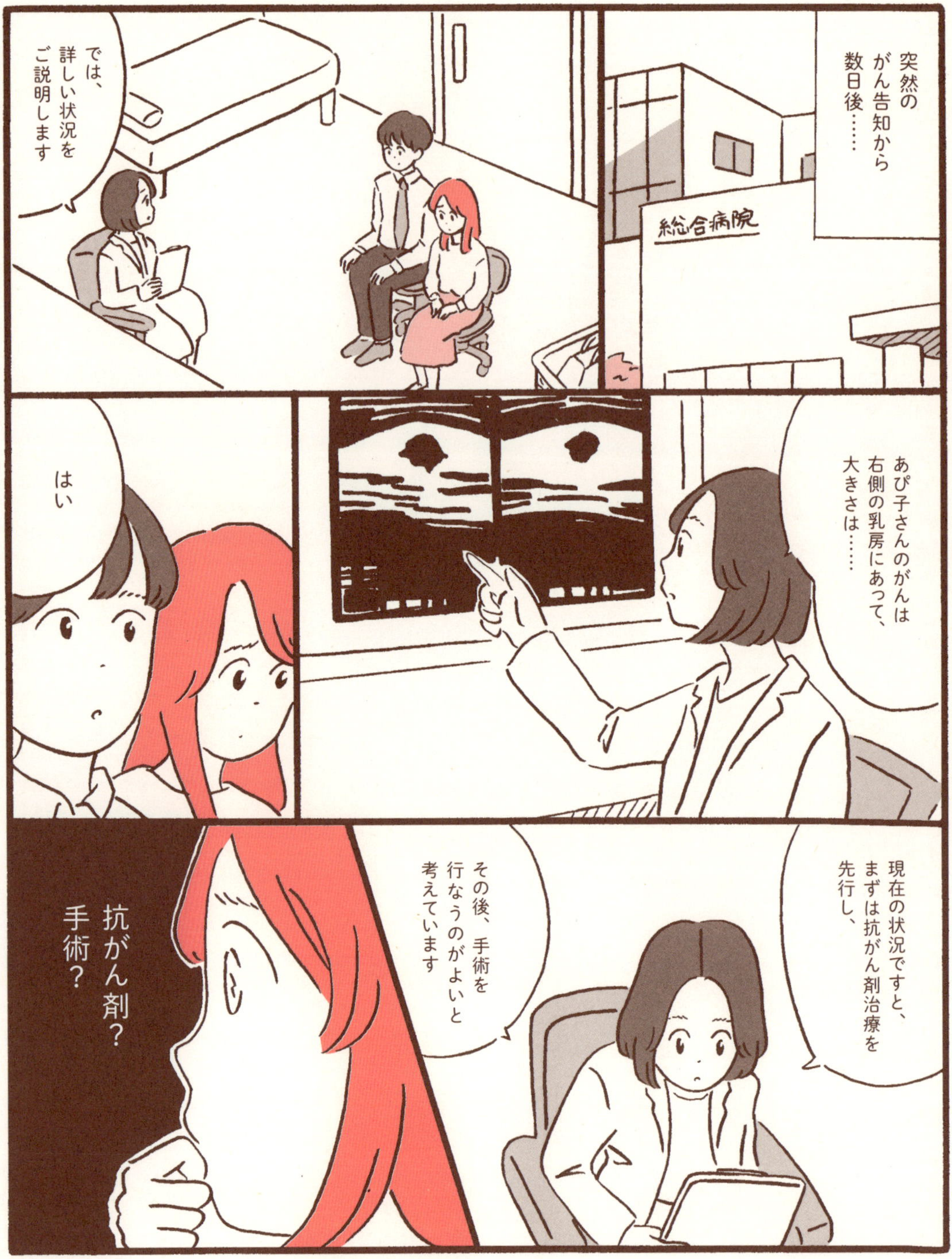
突然の
がん告知から
数日後……
総合病院
では、
詳しい状況を
ご説明します
あぴ子さんのがんは
右側の乳房にあって、
大きさは……
はい
現在の状況ですと、
まずは抗がん剤治療を
先行し、
その後、手術を
行なうのがよいと
考えています
抗がん剤？
手術？

抗がん剤の後に手術ですか
はい
あぴ子さんの場合、それが有効だと思います
ただ、抗がん剤には副作用があって、吐き気や嘔吐などのほか、脱毛なども……
脱毛……
髪が全部抜けてしまうのですか？
そうですね ほとんどが抜けると思われます
病院内に「がん相談支援室」があるので、ぜひのぞいてみてください

がん相談
支援室
ウイッグをお探しですか？
はい
抗がん剤を始めるのですが、ウイッグは治療前に用意した方がいいのでしょうか？
そうですね
その方が安心ですよ
いろんな種類があるのね
値段もいろいろだわ

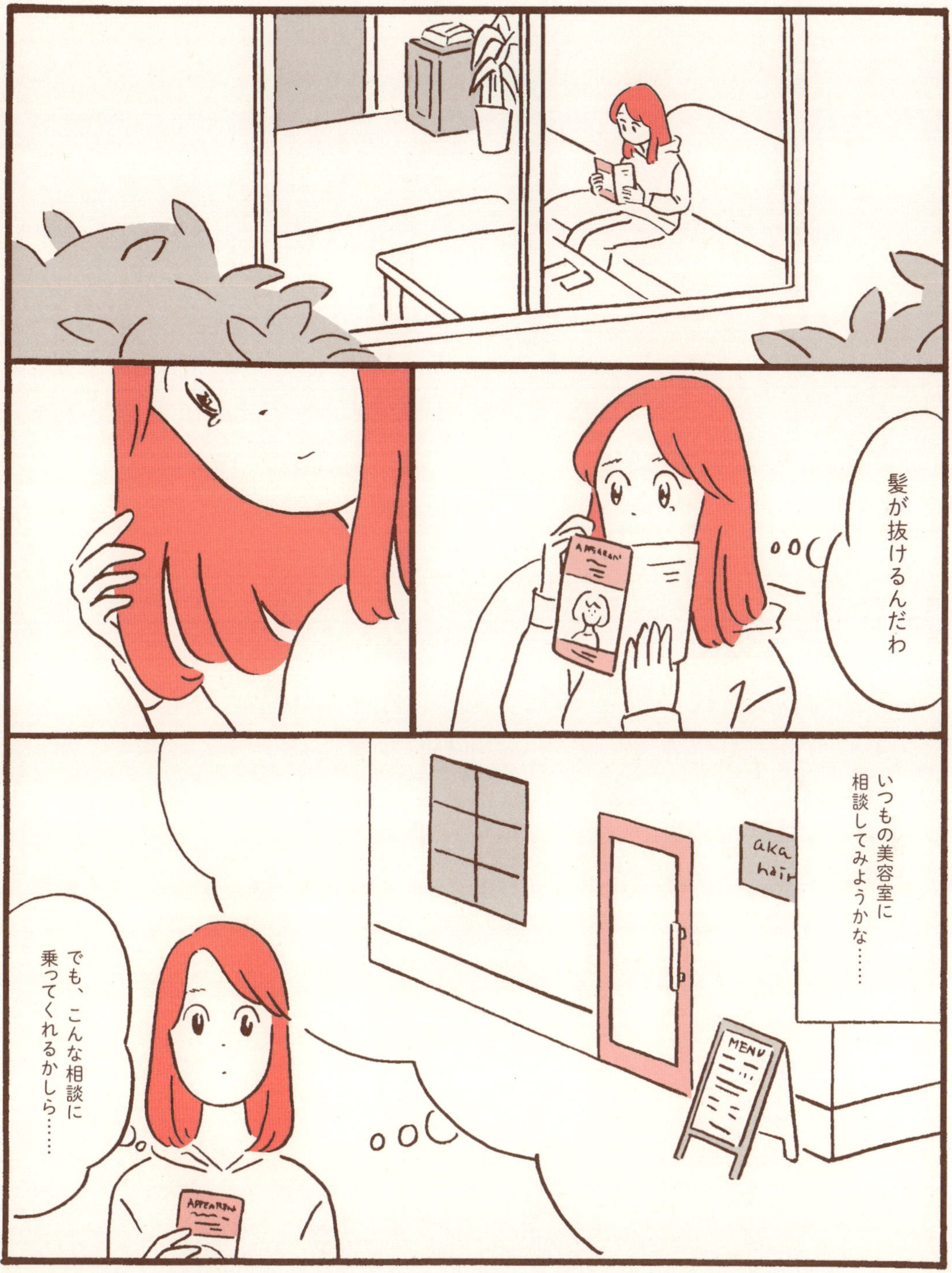
髪が抜けるんだわ
いつもの美容室に相談してみようかな……
MENU
でも、こんな相談に乗ってくれるかしら……

がんの基本

まずは、がん治療の流れと副作用について学びます。

がんの診断について

がんと診断され、治療方針が決まるまでには、さまざまな検査が行なわれます。まずは医師による問診と診察が行なわれた後、血液検査や画像検査（超音波［エコー］・X線・CTなど）、病理検査（一部の細胞や組織を切り取り、顕微鏡で調べる）によって、がんかどうかを調べます。がんと確定した場合は、より詳細な検査を行なってがん（病変）がどれくらい広がっているのか、また、体は治療を受けられる状態なのかを調べ、治療方針を決めていきます。

がんとは…

遺伝子に傷が付くことによって起こる病気です。傷ついた遺伝子から異常な細胞が発生し、増殖して腫瘍を形成します。この腫瘍のうち、周囲に広がったり、血管に入り込んで全身に広がったりして悪さをするものを「悪性腫瘍」、つまり「がん」と呼びます。

がんの診断と治療方針決定まで

医師による問診と診察

↓

検査 ―― がんかどうかを調べる

- 血液検査
- 画像検査
- 病理検査

↓

診断確定

↓

検査 ―― がんを詳しく調べる

- がんはどこまで広がっているのか
  （がんの状態を調べる）
- 全身の状態を調べる（適した治療法を探る）

↓

治療方針決定

主な治療方法

がんの治療には、大きく分けて、がんとその周辺に働き掛ける「局所療法」と、薬剤を使って全身に働き掛ける「全身療法」があります。局所療法には、がん組織を切除する「手術」や、放射線を当ててがん細胞を消滅・縮小させる「放射線療法」があり、全身療法には、抗がん剤やホルモン剤などの薬剤を使って広範囲のがん細胞を攻撃する「化学療法」があります。

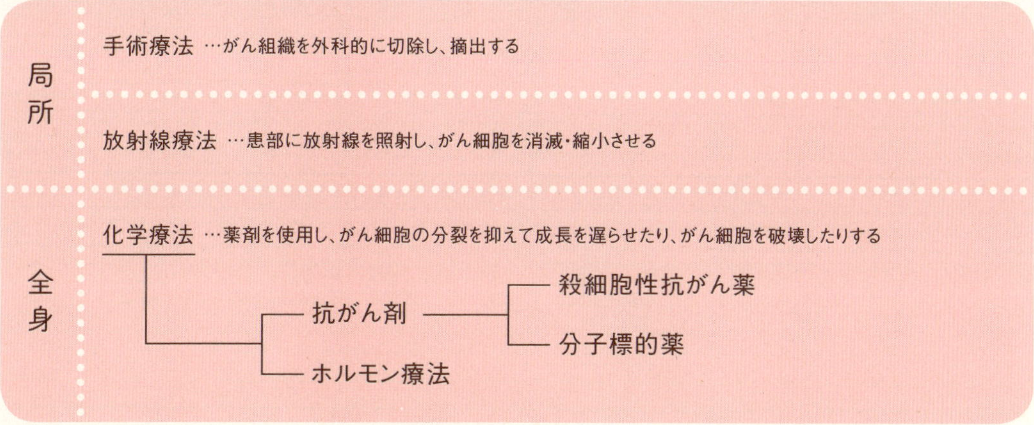

最適な治療法を組み合わせる

治療は、がんの種類や進行度合い、患者さんの状態や希望に合わせて選ばれます。上記のような治療法が単独で行なわれる場合もあれば、複数を組み合わせて行なわれる場合もあります。

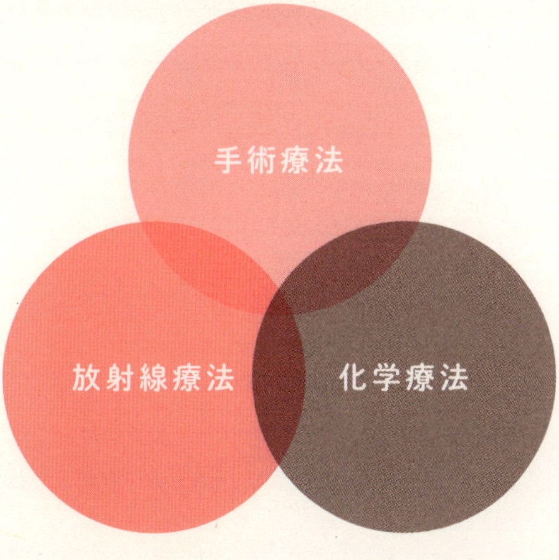

治療に伴う身体への影響と副作用

さまざまな苦痛をもたらす

がん治療は、身体にさまざまな変化や苦痛をもたらします。例えば手術なら、切除によって体の一部が変形したり、傷あとが残ったり。放射線治療や化学療法なら、吐き気や嘔吐《おうと》、貧血、皮膚障害、脱毛などの副作用が起こることも少なくありません。特に、全身に働き掛ける化学療法は、がん細胞だけでなく正常な細胞にも影響を及ぼすため体への負担も大きく、多様な副作用をもたらすことが知られています。

副作用とは…

がん細胞に働き掛けるという効果（＝主作用）に伴って生じる、好ましくない有害な作用のこと。

抗がん剤の主な副作用（種類と時期による）

発熱、貧血、疲労感、吐き気・嘔吐、手足のしびれ、下痢、脱毛　など

治療による脱毛の違い ※個人差があります。

●手術による脱毛

頭部の手術によって傷あとが残る（＝瘢痕《はんこん》化する）と、その部分の毛根が破壊されて「瘢痕性脱毛」となり、毛髪は再生しない。

●放射線療法による脱毛

放射線を照射した部位に皮膚炎が起こり、その影響が毛根に及ぶと脱毛する。照射量によっては、半永久的に生えないことも。

●ホルモン療法による脱毛

エストロゲン（女性ホルモン）が抑えられ、薄毛になりやすい。治療終了後も頭頂部・前髪の再発毛が遅く、生えそろいにくい。

●抗がん剤による脱毛

抗がん剤は活発に増殖する細胞に作用するため、頭髪のほとんどが抜け落ちる。ひげやまつ毛、眉毛、鼻毛、わき毛、陰毛なども脱毛することがある。

治療による外見への主な影響

		髪	肌	爪	その他
手術療法		（頭部の手術の場合） ●脱毛 手術あとにはほぼ永久的に髪が生えない。	●手術あと		
放射線療法		（頭部に放射線を照射した場合） ●脱毛 場合によっては永久的に生えないことも。	●放射線皮膚炎 ●皮膚の縮み・引きつれ ●色素変化		
化学療法	（殺細胞性抗がん薬）	●脱毛 ●髪質・色の変化 基本的には一過性だが、十分に回復しない場合もある。	●皮疹 ●にきび ●乾燥 ●発赤 ●色素沈着　など	●爪の脱落 ●色素沈着 ●変形	●まつ毛や眉毛の脱毛 ●アレルギー症状が出やすい ●日光過敏性　など
	（分子標的薬）	●脱毛 ●髪質・色の変化 ただし、抗がん薬ほどの発現率ではない。	●にきび様皮疹 ●乾燥　など 皮膚に副作用が出やすい。	●爪周囲の炎症 ●爪が薄くなる ●刺激を受けやすい	●まつ毛の縮れ ●眉毛・まつ毛が長くなる ●手足が腫れる
	（ホルモン療法）	●薄毛（特に頭頂部） ●細毛	●くすみ ●シミ	●もろくなる ●薄くなる	●まつ毛や眉毛の脱毛 ●ホットフラッシュ（のぼせ・ほてり） ●気分が落ち込む

治療の影響が出ている方への接客

サロンを訪れるお客さまの中には、すでに治療が始まっている方もいることでしょう。手術後ならば、痛みがあるかもしれません。脚がむくんでいるから台に乗せたい、腕が上がらないからクロスを着けられない、という方もいます。抗がん剤治療中の方なら、アロマやコーヒーの臭いで気分が悪くなったり、体温の調節がうまくできないため、タオルやクロスが暑いけれど我慢したりする……といった経験談をよく耳にします。

治療の影響は、上に挙げたような〝目に見えるもの〟だけではありません。「店内の臭いや温度はいかがですか?」「気になることがあればおっしゃってくださいね」などと声を掛け、常に心配りを忘れないでください。

アピアランスサポートの大まかなタイムライン

※抗がん剤治療の場合

治療方針決定

2〜3週間

抗がん剤投与開始

地毛カット&ウイッグ準備

抗がん剤が始まる前に
地毛をカットし、ウイッグや
帽子を用意することが多い。
脱毛後になる場合もある。

脱毛スタート

3〜6ヵ月

抗がん剤治療の期間は人によって
さまざまだが、3〜6ヵ月のことが多い。
継続的に行なわれることもあれば、
断続的な場合もある。

抗がん剤投与終了

肌・爪の悩みに対応

抗がん剤投与開始後、
肌にはおよそ1週間後あたりから、
爪には約3週間後あたりから
副作用が現れることが多い。
サロンで対応可能な場合は
ネイルケアやスキンケアを提供しよう。
ただし、医療的なケアを必要とする
ケースも多いので、
絶対に無理はしないこと。

3〜6ヵ月

ウイッグのメンテナンス

ウイッグも傷むので、
定期的なメンテナンスが必要。
トリートメントや、
場合によっては
毛先カットも。

髪や頭皮ケアのアドバイス

治療期間中から回復期まで、
髪と頭皮の悩みは尽きないもの。
シャンプー方法や頭皮のお手入れ、
まだらに脱毛した場合の地毛の
ケアなどの相談に乗る。

発毛

8ヵ月〜1年

脱ウイッグの準備

地毛でヘアスタイル(ショート)を
つくれるようになるまでには、
発毛からおよそ半年かかる。
地毛のケアとともに、
ウイッグを徐々に
ショートスタイルにするなど、
脱ウイッグの準備が必要。

発毛時に毛質の変化あり

生えてくる髪が、一時的に
縮毛や白髪になることがある。
お客さまにはあまり
心配しないように
伝えておこう。

回復

ウィッグ着用期間

外見が変わる苦痛を理解する

"いつもと違う"ということが、心理的に大きなダメージとなっています。

治療による身体症状の苦痛度 TOP10

	消化器がん		乳がん	肝胆膵がん		血液がん		肺がん	
	男性	女性	女性	男性	女性	男性	女性	男性	女性
1	人工肛門	人工肛門	脱毛	足のむくみ	下痢	吐き気・嘔吐	脱毛	全身の痛み	脱毛
2	吐き気・嘔吐	指のしびれ	手術による乳房切除	便秘	手術による体表面の傷	足の変色	吐き気・嘔吐	吐き気・嘔吐	全身の痛み
3	下痢	発熱	吐き気・嘔吐	顔のむくみ	指のしびれ	口内炎	腕の変色	声がよく出ない	便秘
4	口内炎	下痢	指のしびれ	皮膚のかゆみ	顔の変色	発熱	嗅覚の変化	口内炎	指のしびれ
5	指のしびれ	吐き気・嘔吐	全身の痛み	吐き気・嘔吐	しみ・くま	だるさ	味覚の変化	指のしびれ	吐き気・嘔吐
6	便秘	顔の変色	眉毛の脱毛	体に管が付いた	腕の注射のあと	頭痛	だるさ	嗅覚の変化	味覚の変化
7	治療部分の痛み	足のむくみ	まつ毛の脱毛	下痢	全身の痛み	顔のむくみ	指のしびれ	発熱	手の爪の割れ
8	食欲の変化	便秘	手術による体表面の傷	指のしびれ	食欲の変化	傷ができやすい	全身の痛み	息切れ	だるさ
9	味覚の変化	口内炎	手の爪の割れ	発熱	だるさ	足のむくみ	頭痛	頭痛	嗅覚の変化
10	皮膚の湿疹	脱毛	手の二枚爪	頭痛	皮膚のかゆみ	不眠	眉毛の脱毛	だるさ	発熱

Nozawa K, et al.: Quantitative assessment of appearance changes and related distress in cancer patients. Psyco-Oncology, 22 (9): 2140-2147, 2013 (改変)

美容のプロとしてできることを具体的に

治療による身体的なダメージに加え、外見の変化や、変化に対する恐怖は心理的にも大きなダメージを与えます。大切にしてきた自慢の髪を失うなど、〝自分らしさ〟を損なうことへの不安は大きく、病院で「髪が抜ける前に地毛を切っておいた方がよい」と言われたけれど、気持ちの整理がつかず、なかなか髪を切れない……という方も少なくありません。また、周囲の人に「がんだと気付かれたくない」「気を使わせたくない」など、社会との関わりの中で、男女を問わず外見の変化は悩みの原因となります。

美容のプロとして、お客さま一人ひとり、それぞれの悩みと状況に寄り添った具体的な提案が必要となります。いつも以上に丁寧な応対を心掛けてください。

大きな病院には「相談室」がある

がん診療を行なう各地の大きな病院には、「がん相談支援室」や「支援センター」といった相談窓口が院内に設置されており、患者や家族ならば誰でも、診断から治療、療養生活全般にわたってがんに関するさまざまな相談をすることができます。患者・外部向けにさまざまなイベントや研修、ワークショップなどが行なわれている場合もあり、情報収集の場として活用することが可能です。アピアランスサポートに関する情報も提供されており、医療用ウイッグのパンフレットや見本が展示されていたり、便利なグッズを紹介してくれたりします。また、「アピアランス相談会」などを実施する病院も増えており、アピアランスサポートへの注目度の高さがうかがえます。

医療機関でのアピアランスサポート

アピアランスサポートのニーズは年々高まっており、
医療の現場でも、その重要性が注目されています。

がんについてもっと知りたいなら……

各地のがん拠点病院や市町村などでは、がん治療の最新情報を一般向けに分かりやすく伝える「市民公開講座」が定期的に開催されており、日本癌学会の講座は動画でも視聴が可能です。また、国立がん研究センターの運営する「がん情報サービス」では冊子などをダウンロードすることもできます。アピアランスサポートに生かす上でも、また自分や家族のためにも、がんに関する知識を学ぶことは重要です。しかし、美容師は医療の専門家ではありません。お客さまに対して病気や治療法についての個人的な見解を述べることや、サプリメント・代替医療をすすめることは絶対にやめましょう。

日本癌学会「市民公開講座」
https://www.jca.gr.jp/public/course/

がん情報サービス
https://ganjoho.jp/

PART 1 がん治療と副作用のQ&A

Q1
抗がん剤を使うと、100%髪が抜けるの？

個人差が大きく、薬剤の種類や使用量によっても程度は異なりますが、化学療法による脱毛は65～80%の患者に生じるといわれています。主治医から「脱毛が生じる」と宣告されているなら、多くの場合、お客さまご自身の地毛だけでヘアスタイルをつくることはできません。乳がん患者においては、「99.8%が抗がん剤治療によって脱毛が見られた」というデータも存在しています。

Q2
抗がん剤による脱毛と、他の病気による脱毛症とはどう違うの？

抗がん剤の場合、病気そのものの影響による脱毛ではないため、ほとんどのケースでは治療が終了すると再び発毛し、以前と同程度または毛量がやや少ないぐらいのレベルまで回復します。しかし、病気による脱毛症の原因はさまざまあり、治療をせずとも自然と治る場合もあれば、治療をしても、効かなければ数年単位で改善されないこともあります。

Q3
抗がん剤による脱毛を防ぐ方法はないの？

抗がん剤による脱毛の予防策としては、今のところ確実な方法はありません。ですが、現在さまざまな研究がなされており、近年、特に注目を集めているのは、「頭皮を冷却する」という方法です。欧米では、抗がん剤の脱毛予防として頭皮冷却が行なわれており、日本では、国立がん研究センターにて、臨床研究が進められています。

お客さまから相談されたらどうする?

カウンセリング編

2
PART

アピアランスサポートの相談をするお客さまは、
多くの場合、不安でいっぱい。
病気や副作用への悩みを少しでも和らげられるよう、
気持ちに寄り添うことが大切です。

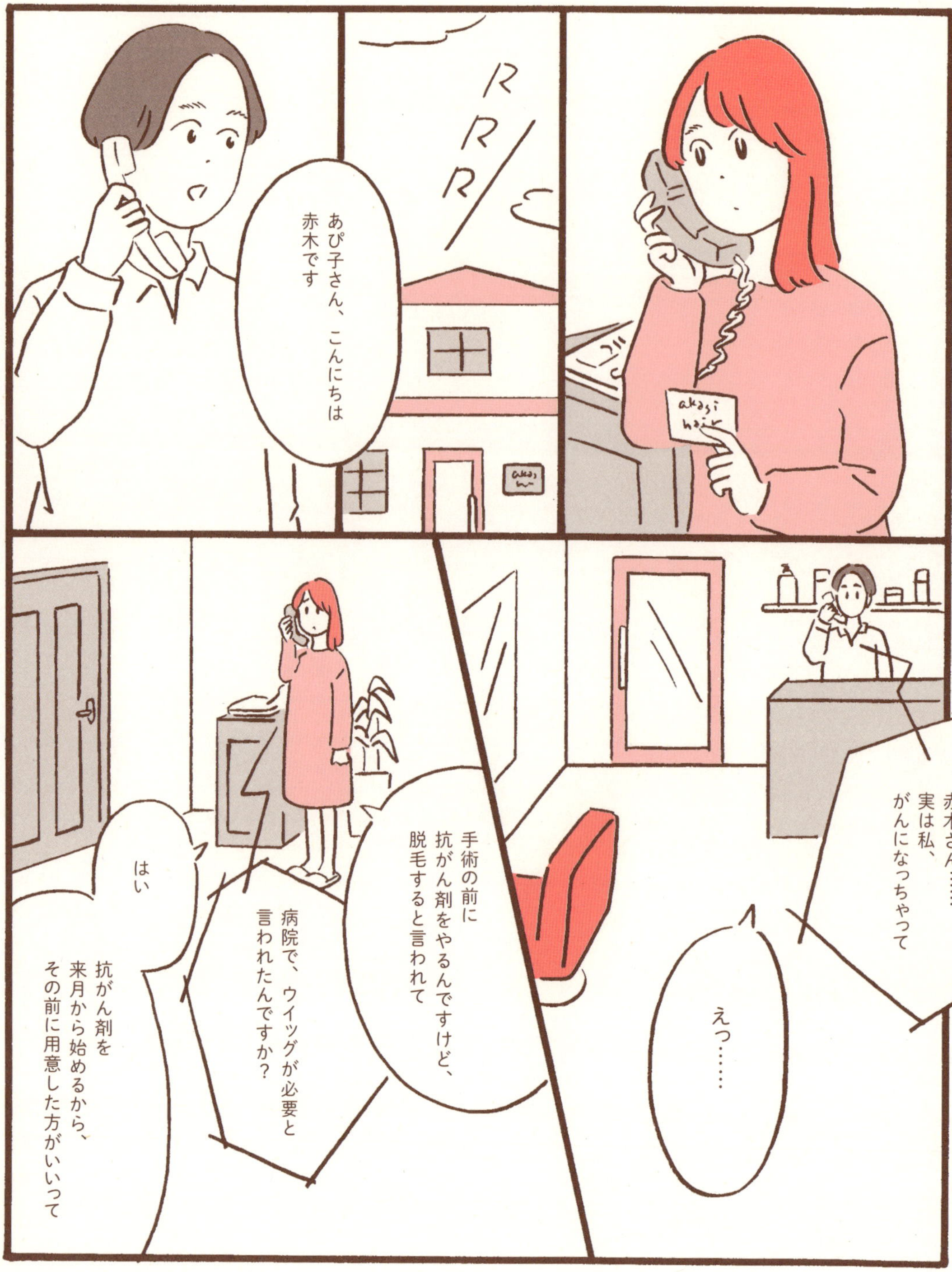
RRR
あぴ子さん、こんにちは赤木です
赤木さん……実は私、がんになっちゃって
えっ……
手術の前に抗がん剤をやるんですけど、脱毛すると言われて
病院で、ウイッグが必要と言われたんですか?
はい
抗がん剤を来月から始めるから、その前に用意した方がいいって

病院でパンフレットを
もらったけど、
一度赤木さんに相談したくて
赤木さんのところで
ウイッグって
つくってもらえるんで
しょうか？
もちろんです
ぜひ一緒に考えさせて
ください
全力でサポート
させていただきます
あぴ子さん、
近々お店に来ていただけ
そうな日はありますか？
えーっと、
夫も連れて
行きたいので
今週の
土曜日なら
ご主人もご一緒に、
ゆっくりお話ししたいので
18時はいかがでしょう？
分かりました
よろしくお願いします

akagi horn
MENU
美容室の予約の日
こんにちは
こちらへどうぞ
こんにちは

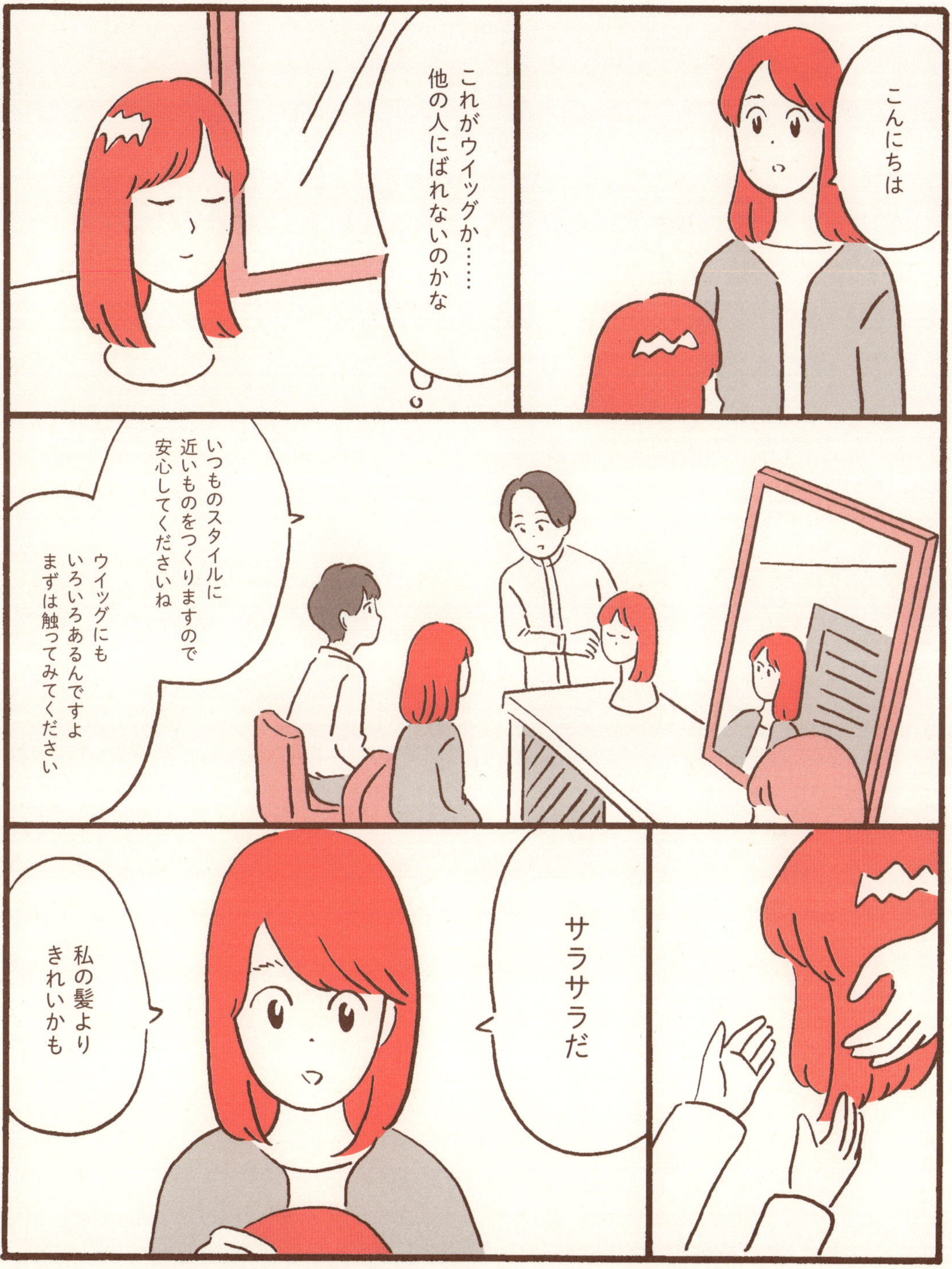
こんにちは
これがウイッグか……
他の人にばれないのかな
いつものスタイルに
近いものをつくりますので
安心してくださいね
ウイッグにも
いろいろあるんですよ
まずは触ってみてください
サラサラだ
私の髪より
きれいかも

初めて相談を受けるとき

いくら親しいお客さまでも、病気に関する話には不安がつきまとうもの。
初めての方なら、なおさら。誠意ある応対が必須です。

電話応対のポイントと心構え

お客さまの中には、がん告知のショックで気持ちが不安定になっている方や、すでに治療が始まっており、副作用などで身体的につらい方もいらっしゃいます。気持ちや状態に配慮し、お客さまに寄り添った応対を心掛けましょう。また、応対に慣れていないスタッフが電話に出た場合は、「よく分からないけれど適当に答える」といった不誠実な対応を絶対にさせないこと。必ず担当者に引き継ぐか、接客中なら折り返すようにしましょう。

電話カウンセリングの注意点

○声のトーンは高すぎず、穏やかに。

大きな声は出さないように。
元気すぎる高い声は不向きです。
いつもより、落ち着いたトーンで話しましょう。

○まずは相手の話を聞く。

聞きたいことがあっても、相手に先に話してもらい、
それに答える形で話を進めていくとよいでしょう。

○なかなか話を切り出せないお客さまには、こちらからいくつか質問を。

例／「お薬は始まっていますか?」
「脱毛は始まっていますか?」など。

○病名や病院名を聞き出そうとしない。

相手から言い出さない限り、
こちらからは聞かないようにしましょう。

○最後に、「他に気になることはありますか?」と確認する。

疑問や不安は、できるだけ解消してあげましょう。

○ゆっくり話す。

治療の疲れや副作用などで、集中力が低下している方も
多いので、相手が理解しているかどうかを確認しながら、
次の質問へ進みましょう。

○矢継ぎ早に質問しない。

尋問にならないように。
病院でも質問攻めにされ、疲れているかもしれません。

○電話でのカウンセリングは、なるべく５分以内にとどめる。

長電話は疲れるもの。「ご来店いただいたときに、
詳しくご説明します」などと伝えて安心してもらいましょう。

○「がん」というワードを連発しない。

がん告知にショックを受けている場合もあるので、
余計に不安をあおるようなことは言わないようにしましょう。

○ウイッグを売りつけようとしない。

セールス感は、絶対に出さないように。
まずは、安心してもらうことが大切です。

初回カウンセリングで聞いておきたい 6つの質問

Q1 化学療法は始まっているか?

YES→ すでに脱毛が始まっているかどうかを確認する。

NO→ 化学療法の開始時期を確認する。

Q2 個室での対応を希望するか?

個室がない場合は、営業前や営業後など他にお客さまのいない時間帯の予約をすすめるか、またはパーテーションなどで仕切っての対応でよいかを確認。

Q3 地毛はすでに短くカットされているか?

地毛が長い場合は、脱毛時に絡まってしまうこともあるので治療開始前のカットをすすめる。「ウイッグ制作のタイミングでカットもされますか?」

Q4 ウイッグの長さの希望は?

「周囲に気付かれたくない」などの理由で、治療前の地毛と同じスタイルを希望するお客さまが多い。

Q5 ヘアカラーやパーマの要望はあるか?

化繊だと薬剤は使えない。
人毛100%なら施術OK。

Q6 ウイッグ販売店などですでに試着をしたか?

試して気に入らなかった点があれば聞いておく。販売店訪問の予定があるなら、ウイッグ選びのポイント(下記参照)を伝えよう。

ウイッグ販売店を訪問するお客さまへのアドバイス

1 髪の素材
人毛・人工毛・ミックス毛のうち、いずれの素材が使われているかを確認すること。

2 頭頂部の人工皮膚
頭頂部に使われている人工皮膚部分の大きさや素材(ウレタン、絹スキンなど)を確認。

3 サイズ
裏地の素材やメーカーごとにサイズが異なるので、必ず試着し、フィット感を確認する。

4 メンテナンス
1年を超える着用期間中のサポート体制や、メンテナンス価格などを確認しておく。

5 担当者の技術
セミオーダーまたはフルオーダーなら、希望のヘアスタイルにしてくれる技術力があるか。

これらに加えて、担当者は誠実そうか、価格は妥当かなどを「トータルで判断してください」と伝えておく。

カウンセリングで困らないために

お客さまに安心して相談していただくため、できる限り環境を整えておきましょう。

ウイッグを用意するタイミングは？

多くの方は、脱毛前、つまり化学療法開始前にウイッグを用意しています。治療が始まってからでは、副作用が出始めて身体的・精神的につらいこともありますし、あらかじめウイッグを準備しておけば、脱毛してもすぐに利用することができ、周囲に気付かれずに済みます。髪が抜けた後のサイズのズレが心配な場合は、縫い合わせ（52ページ参照）などで対応します。

脱毛前なら個室がなくてもOK

個室があればベストですが、前述の通り、脱毛前にウイッグを用意することが多いため必須ではありません。ただし、ウイッグを利用することを知られたくないお客さまは少なくないので、カーテンやパーテーションなどの目隠しを用意したり、ウイッグ着脱時は他のお客さまの目に付かないところ（化粧室など）でかぶるようにしたりなど、最低限の心配りは必要でしょう。

予約はなるべく混まない時間帯に

通常よりも、カウンセリングに時間がかかります。丁寧に対応するため、なるべく混み合わない時間帯に予約を取りましょう。個室がないサロンの場合、すでに脱毛が始まっているお客さまや、個室を希望されているお客さまに対応するなら、営業開始前や営業終了後、あるいは定休日にウイッグの相談を受け付けるなどの方法もあります。

家族同伴でもよいかと聞かれたら

来店時に家族の同行を希望するお客さまは少なくありません。同行してもよいかどうかを聞かれたら、「もちろん、一緒にお越しいただいた方が安心ですね」などと、歓迎していることを伝えましょう。中には、本人も家族も病気を受け入れることができていないケースや、ウイッグという高額な製品を購入することに不安を感じているケースもあるため、ちょっとした言動がトラブルを招くこともあります。発言には注意し、丁寧かつ誠実な接客を心掛けましょう。

カウンセリングシート

あると便利なカウンセリングシートの例。

氏名		
住所	TEL	E-MAIL

確認項目				
抗がん剤か脱毛症か?	抗がん剤		脱毛症	
抗がん剤の場合				
病院で「髪が抜ける」「ウイッグが必要」といわれたか?	言われた		言われていない → 医師や看護師に確認してから用意した方がよいかも	
投与前か投与後か?	投与前 → いつから?(　　　　)		投与後 → 脱毛が始まっているかどうかを確認	
すでに脱毛が始まっているか?	まだ	少し抜けてきた	だいぶ抜けている	全て抜けている
他のウイッグを試したか?	はい		いいえ	
ヘアカラーやパーマを希望するか?	カットのみ	カット&カラー	カット&パーマ	カット&パーマ&カラー
予約日 ※体調が悪い場合は、気にせず変更の連絡をくれるようお願いする	月　日　:　〜			
その他				
脱毛症の場合				
ウイッグをつくるのは初めてか?	初めて		すでに持っている → メンテナンスを兼ねて持ってきてもらう	
フルウイッグかトップピースか?	フルウイッグ		トップピース	
ヘアカラーやパーマを希望するか?	はい		いいえ	
予約日	月　日　:　〜			
その他				

来店時カウンセリングの注意点

ご来店いただく際は、
お客さまの体調や気持ちへの配慮が必須です。

環境に配慮する

音や光、臭いといった刺激に敏感になっている場合もあるので、音楽のボリュームや声のトーン、照明の明るさ、香水や薬剤の臭いなどには十分注意しましょう。特に、臭いは吐き気を催すこともあるため、気を付けてください。また、ドリンクを提供する場合は、水がよいでしょう。カフェインを取らないようにしている方も少なくないので、本人が希望しない限りコーヒーや紅茶などは避けた方が無難です。

守秘義務を徹底する

お客さま自身のプライバシーを尊重することはもちろん、がん治療中の他のお客さまの情報を話すことも絶対にNGです。脱毛のタイミングやウイッグ制作時期について説明するときは、一般論として情報提供するようにしましょう。

例

「お薬を始めてから、10日～2週間くらいで髪が抜け始める方が多いようです」
「頭皮がピリピリしたり、かゆくなったりするという方も少なくありません」
「ウイッグをつくるタイミングで、地毛を短くカットされる方が多いですよ」

特定の○○はすすめない

病気の話には注意が必要です。お客さまから切り出さない限り、病名や治療している病院名などを根掘り葉掘り尋ねないようにしましょう。また、本人から病状について詳しく説明されても、治療の有効性や病院の評判、代替医療※といった内容には踏み込まないように。サプリメントや患者会など特定の何かをすすめるようなことはせず、情報提供にとどめてください。あくまで美容師として接し、サポートする姿勢を示すことが大切です。

※代替医療…通常、病院で行なわれる医療行為以外の医療。鍼灸や漢方医学、各種民間療法など。

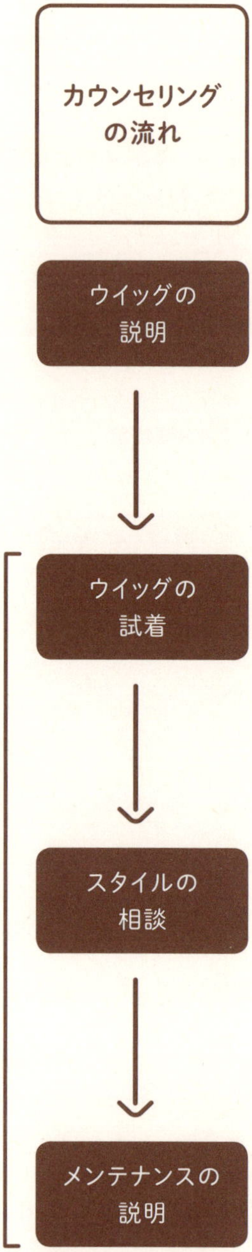
PART3（43ページ～）で詳しく

来店時のカウンセリングは、
主に上記のような流れで進める。

ウイッグについて

お客さまの希望と予算に合わせて、
最適なウイッグを選びます。

目的や予算に合わせて多種多様

ウイッグは、化繊などの人工毛や、人毛、人工毛と人毛のミックスなど素材も多様な上、機械植えや手植えといった植毛方法によっても特徴は異なります。お客さまの希望と予算に適したものを選びましょう。また、「既製品」「セミオーダー」「フルオーダー」と形態も分かれます。サロンで提案するなら、一人ひとりへの似合わせが可能なセミオーダー以上がおすすめです。

医療用 or ファッション?

現在のところ、医療用ウイッグとファッションウイッグの明確な基準はなく、メーカーによって規定はさまざま。がん治療中のお客さまへ提案するなら、①刺激の少ない素材が使われていること、②連日の使用に耐え得る耐久性を備えていること、が大切です。

フルオーダー

頭の形やサイズ、毛量、ヘアスタイルに合わせてつくる完全オーダーメイド。

フィット感 ★★★
価格 ★★★

セミオーダー

サイズは2～3種類から選び、お客さまに合わせたヘアスタイルを制作する。

フィット感 ★★☆
価格 ★★☆

既製品

ショートやボブなど、すでにヘアスタイルがつくられた状態のウイッグ。

フィット感 ★☆☆
価格 ★☆☆

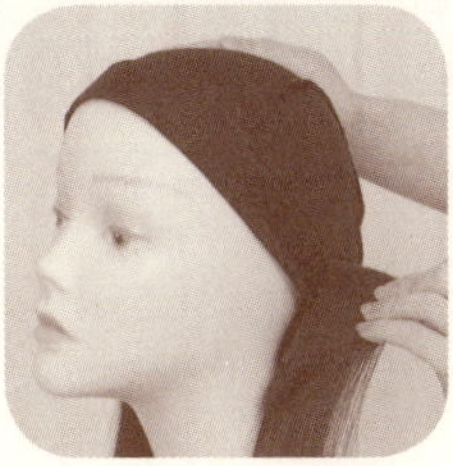

帽子用

左のように、ネットに毛束を装着し、帽子をかぶって使うタイプ。

部分用

頭頂部や前髪用などもある(P.78参照)。

ウイッグメニューの設定

フィッティングなどに手間がかかるため、通常メニューよりも1.5倍程度高めに設定しているサロンが多いようです。既存客の場合は通常メニューと同料金にしたり、購入済みウイッグの持ち込みは少し高めにしたりと、工夫が可能です。

施術料金の目安

カット	7,000円
ヘアカラー	12,000円
パーマ	12,000円
毛先カット(メンテナンス)	2,000円
トリートメント	3,000円

施術時間の目安

カットのみ	約1時間30分
カット&カラー	約2時間30分
カット&パーマ	約3時間

ウイッグ用カルテ

ウイッグを利用するお客さま用カルテの例。

スタイルの希望				
フロント				
サイド				
トップ				
バック				
今までの髪の手入れ方法	乾かすだけ	コテを使用	アイロンを使用	カーラーを使用

写真撮影がOKの場合は、脱毛前のヘアスタイルや、ウイッグをかぶった状態の記録を残しておく。
試着したウイッグの写真や希望スタイルの切り抜き写真なども、あると便利。

氏名			
住所			
TEL		FAX	
E-MAIL			
ウイッグ購入理由			

購入履歴

日付	購入・メンテナンス	商品	個数	金額	内容（カラー・ロッドの配置）

連絡履歴

日付	発信・受信	連絡方法	内容

PART 2 カウンセリングのQ&A

Q1
脱毛前にウイッグを用意しても大丈夫なの?

お客さまの多くは、脱毛時期の体調不良を予測し、また、脱毛後は外出できないかも……という不安から、脱毛前（抗がん剤投与開始前の場合も多い）にウイッグを探し、購入されます。脱毛後に、サイズや毛量を微調整するため再度来店いただくこともありますが、脱毛前に地毛を短く切っておくという準備を兼ねて、まずは相談・試着をおすすめするとよいでしょう。フルオーダーの場合は、制作に時間がかかる（1ヵ月半〜2ヵ月）ため、なるべく早い段階で採寸しておきます。

Q2
ウイッグ購入に助成金が使えるって本当?

秋田県の「がん患者医療用補正具助成事業」や、神奈川県横浜市の「がん患者へのウィッグ購入費用助成制度」など、ウイッグ購入に助成金を支給する自治体があります。申請はお客さま本人が行なうことが多いので、サロンでは、例えば全頭ウイッグであることなど、必要事項を記載した領収書を発行します。詳しくは各自治体に問い合わせてみてください。また、民間保険会社の生命保険や損害保険の対象となる場合もありますが、各社で基準が異なるためお客さまに確認していただきましょう。ただし、ウイッグは確定申告の際の医療費控除の対象にはなりませんので、注意が必要です。

Q3
スタッフのトレーニングはどうしたらいい?

まずは、サロン内で対応マニュアルなどを作成し、練習します。ロールプレイングで基礎を身に付けるのもよいでしょう。特に、初めてのお客さまなら最初が肝心。電話での問い合わせに応えるスタッフの印象で、信頼できるかどうかを判断されます。慣れていないスタッフが電話に出た場合は、担当者や経験者に代わるか、後ほどかけ直すなどしてしっかりと応対しましょう。オリジナルのヒアリングシートやカルテを作成するのもおすすめです。

脱毛の不安とストレスを最小限に

技術／ウイッグ編

3
PART

一人ひとりに合わせたウイッグ提案ができるのは、
美容師ならでは。脱毛への不安とストレスをできる限り解消し、
“なるべくいつもと変わらない日常を過ごしたい”
というお客さまの思いを支えましょう。

あぴ子さん、地毛はどうしますか？長いと絡みやすいので、短くカットする方が多いですけど
そうですね……治療が始まる前には切ろうかな
じゃあ、取りあえず今日はネットで髪をまとめておきましょう
まずはカット済みのサンプルで
あ
意外と違和感ないかもちょっと若すぎるような気もするけど……
どう？
うん若返ったね

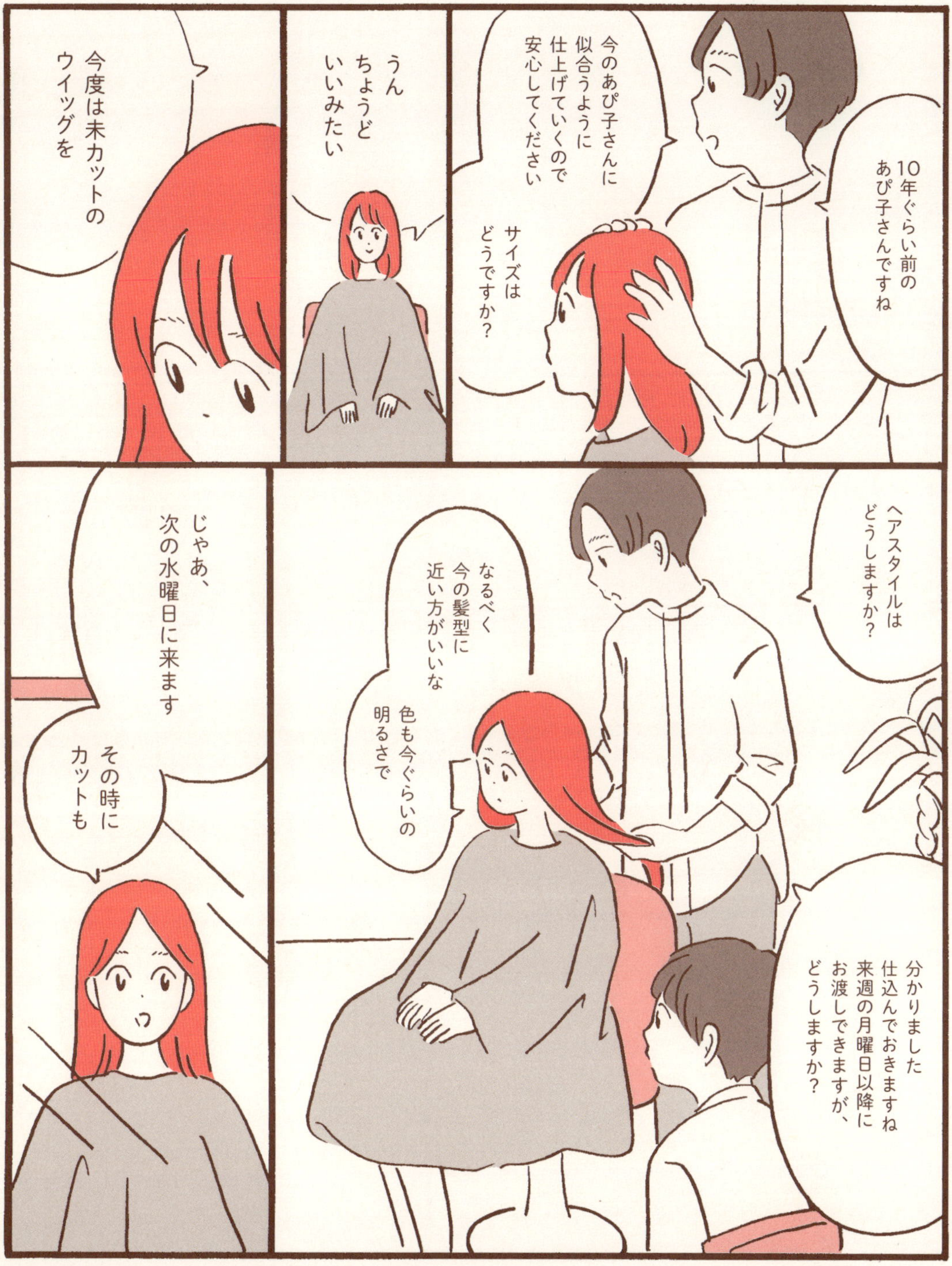
10年ぐらい前のあぴ子さんですね
今のあぴ子さんに似合うように仕上げていくので安心してください
サイズはどうですか？
うん ちょうどいいみたい
今度は未カットのウイッグを
ヘアスタイルはどうしますか？
なるべく今の髪型に近い方がいいな
色も今ぐらいの明るさで
分かりました 仕込んでおきますね 来週の月曜日以降にお渡しできますが、どうしますか？
じゃあ、次の水曜日に来ます
その時にカットも

次の水曜日
あぴ子さん、こんにちは
まずは地毛をカットしましょう
じゃあ、ウイッグをかぶせますね

うん
ばっちり
眉が抜けてしまったときのために写真を撮っておきますね
お手入れは、定期的にしてください
お湯にシャンプーを溶かしてからウイッグを浸して……
あぴ子さん、僕たちがサポートしますから
爪でもまつ毛でも、気になることがあったらいつでも相談してくださいね
治療がひと段落したら、メンテナンスに来てください
ありがとうございます 頑張ります！
皆さんがいるから心強いです

ウイッグ技術の基本

ウイッグには、地毛への施術と異なるスキルが必要です。
まずは、試着のポイントから。

大まかな提案の流れ

フルオーダーの場合

①髪質や長さ、髪色を選ぶ／頭のサイズを測る

②メーカーにウイッグを発注する

③サロンで希望のヘアスタイルに制作する（カットやパーマなどで仕上げる）

④お客さまに合わせて微調整する

セミオーダーの場合

①試着してサイズを確認する

②ヘアスタイルを相談する

③ウイッグを制作する（カットやパーマなどでヘアスタイルを仕上げる）

④お客さまに合わせて微調整する

既製品の場合

①ヘアスタイルを選ぶ

②試着してサイズを確認する

③お客さまに合わせて微調整する

※お客さま自身が販売店などで購入したウイッグを調整する場合は、素材に注意。人工毛には薬剤施術や熱施術ができないことが多いため、カットのみにとどめた方が無難。特に、人毛と人工毛のミックスだと手触りで素材を判別することは難しい。本当は人工毛なのに、お客さまが人毛と思い込んでいる場合もあるので気を付けよう！

ウイッグに慣れてから、サンプルを試着

初めて試着する場合は、まずお客さまにウイッグを渡し、触ってもらいます。簡単な説明をしながら慣れてもらい、心の準備ができたら試着。このとき、いきなり未カット状のウイッグをかぶせるのではなく、お客さまのヘアスタイルに近いサンプルを用意しておくか、または展示用のウイッグを用いるようにします。未カットウイッグをかぶった姿は、日常とかけ離れすぎているため、余計に不安をあおることになりかねません。

希望より〝ちょい長め〟を提案

ウイッグのレングスは、お客さまが希望するスタイルよりも、少しだけ長めに設定することをおすすめします。そうすれば、傷んだ毛先を後でカットすることもできますし、スタイルチェンジの幅も広がります。

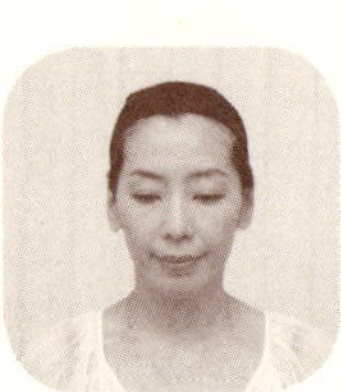

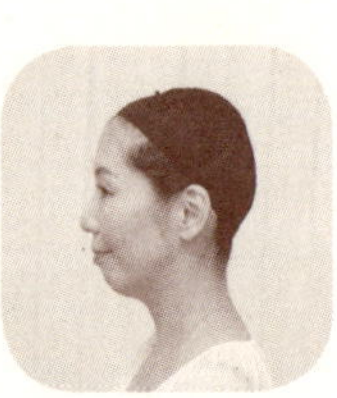

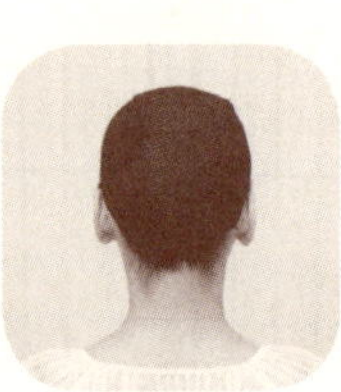

地毛はどうする？

長いままだと、抜けたときの衝撃が大きく、また、絡みやすいため、脱毛前に短くカットすることが多いです。試着時や、カットを希望しないお客さまの場合は、ネットで髪をまとめてから、ウイッグをかぶります。

ウイッグのかぶせ方

ウイッグとばれるかどうかは、かぶり方がとても大切。
自然に見えるかぶせ方を探りましょう。

OK

お客さまにウイッグの額部分を持ってもらい、自身の額から指１本分を空けた位置に当ててもらう。

そのまま、後頭部までぐっとかぶせていく。下の「CHECK！」を参考に、鏡で確認しながらかぶせる。

CHECK！

- □ 額は生え際から指１本分を空ける
- □ 左右の高さをそろえてかぶせる
- □ ウイッグのワイヤーが裏返っていないか確認する
- □ ぼんのくぼまでしっかりかぶせる

生え際から指１本分を空けてかぶせる。

NG

後ろまでかぶせないと…

ワイヤーが裏返っていると…

左右がずれると…

前過ぎると…

技術のポイント

ウイッグはスタンドにセットし、施術します。
人毛100%なら、ヘアカラーやパーマもOKです。

CUT

自然に見える細工をする

ヘアスタイルのつくり方は、基本的に人頭と同じです。ただし、ウイッグはあくまで人工的につくられた“製品”であるため平面的になりがち。後れ毛や産毛をつくったり、根元を立ち上げて立体感を出したり、自然に見える細工が必要です。

削ぎあり　　削ぎなし

1 削ぎで動きと立体感を出す

中間

ところどころにスライドカットで短い毛をつくり、動きを出して自然な状態に仕上げる。

根元

根元を立ち上げるため、頭頂部はバイアスにスライスを取り、約5ミリピッチで削いでいく。

2 産毛をつくる

ネープ&耳上～耳後ろ

こめかみ～耳上(もみあげ)

生え際から5ミリ程度を2～3センチの長さにカットする。

ショートの場合

ネープは5センチ以上残す

ネープを5センチ以下にカットすると、ウイッグのふちが見えてしまうので注意。

HAIR COLOR

褪色《たいしょく》を前提に、色味を相談

自然なグラデーションをつくるため、根元から5センチは1トーン暗い1剤を選び、2剤は全頭に3%を使用します。キューティクルのないウイッグには中間処理を施してダメージを最小限に。ハイトーンウイッグからトーンダウンする場合は、アッシュ系に寄りやすいことを前提に、補色を選定し配分を考えます。

暖色

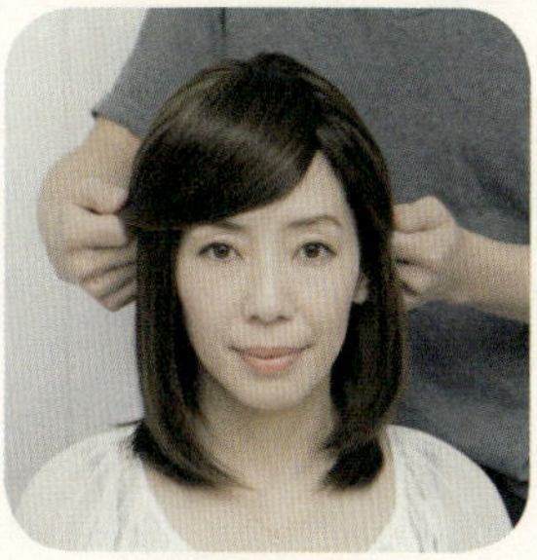

寒色

色味を決める際、もし、「どんな色がよいか」を尋ねられたら、
顔色が明るく見える暖色系がおすすめ。

PERM

ダメージを徹底的に予防する

パーマは、ブリーチ毛に施術するようなイメージで、ダメージを極力抑える施術が肝心。薬剤は、コスメ系か、分子量の小さいシステアミンがおすすめです。中間処理もしっかりと。

人毛100%ならアイロンもOK！

FINISHING

お客さまになじませる

ウイッグが出来上がったら、再度お客さまにご来店いただき、仕上げていきます。自宅でのスタイリングのコツも、お伝えするとよいでしょう。

**自然に見える
ひし形シルエット**

トップは根元を立ち上げ、ふんわりと。
ハチ周りやネープはタイトにまとめて。

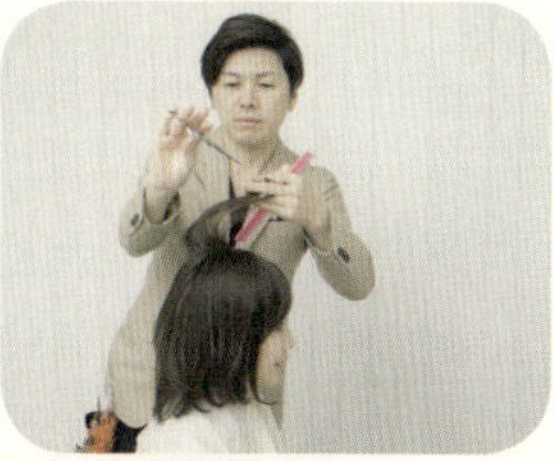

**ウイッグをかぶせて
微調整**

お客さまに合わせて、
顔周りや毛量を調整する。

裏地の縫い合わせ

裏地を縫い合わせてフィット感を高めます。ショートスタイルなら、頭の丸みが出てシルエットもきれいに。

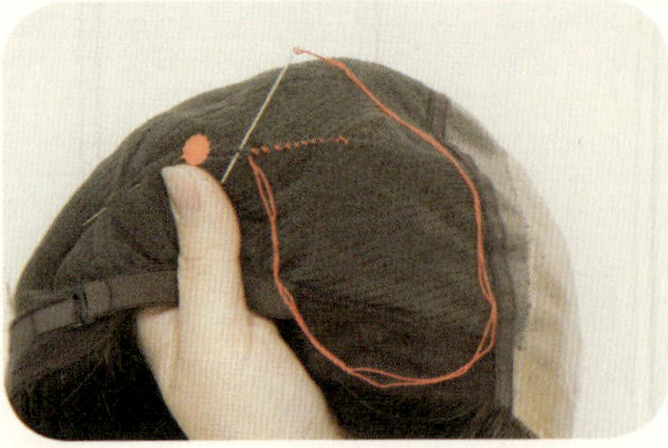

縫い方

縫い合わせたい部分は、裏地の外側（ふち側）が上になるように内側に折り込み、待ち針で固定し、1ミリずつかがり縫いをしていく。

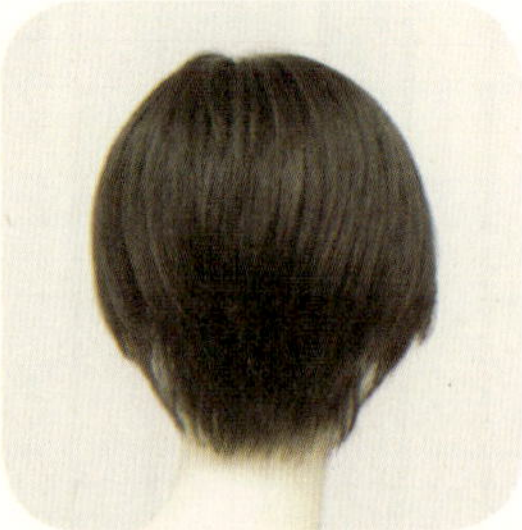

縫い合わせ後

縫い合わせ前

面長の場合は
斜めに縫う

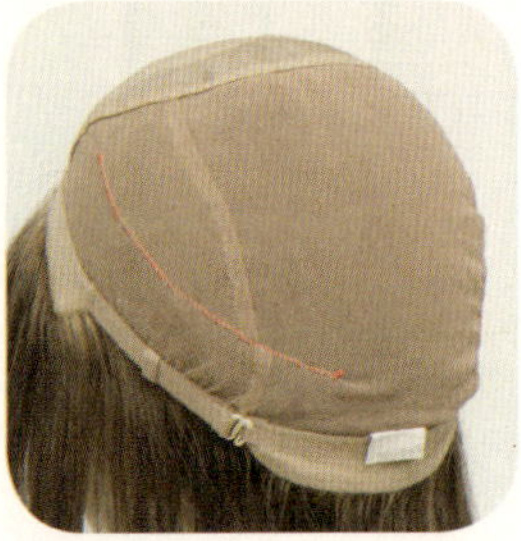

丸顔の場合は
縦に縫う

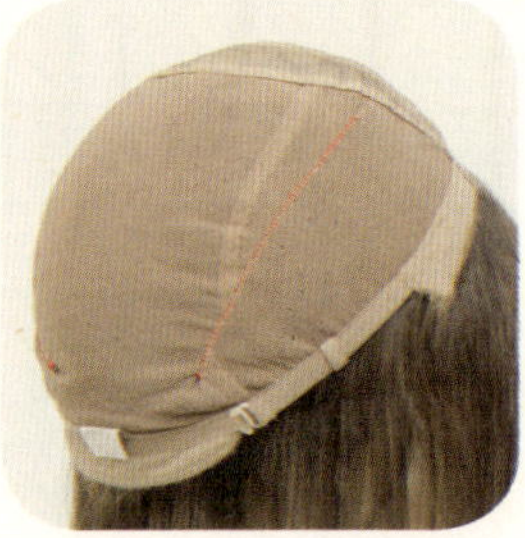

採寸の仕方（フルオーダーの場合）

フルオーダーでウイッグをつくる際は、頭のサイズを測ります。

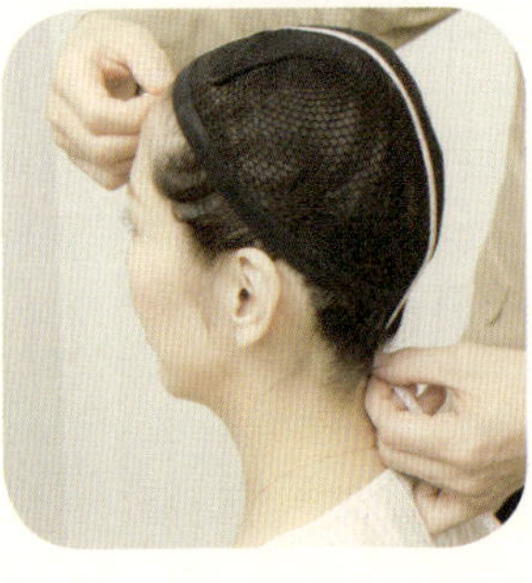

採寸箇所

①フロントポイントからぼんのくぼ（左右）
②フロントポイントからネープポイント（正中線）
③フロントポイントから耳上（左右）
④トップポイントを通るイヤーツーイヤー
⑤バックポイントを通るこめかみからこめかみ
⑥こめかみから耳の付け根（左右）
⑦フロントポイントから耳の付け根（左右）
⑧三つ襟から三つ襟

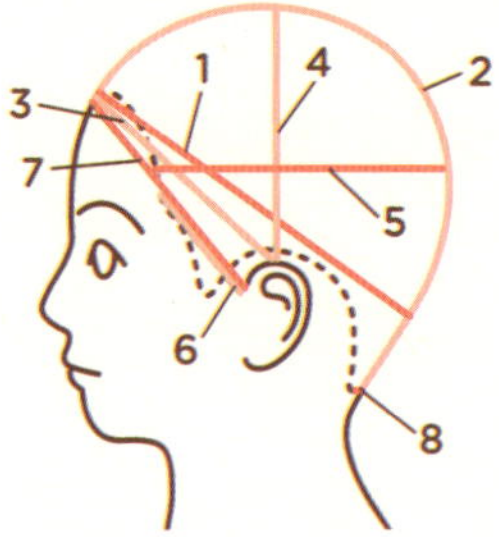

ウイッグのお手入れ方法

ウイッグには、お客さまご自身によるお手入れが欠かせません。
ケア方法をきちんとお伝えしましょう。
写真とともに手順を記した配布物を用意しておくと便利です。

お手入れの手順

粗めのコームで根元から毛先までとかす。

ぬるま湯にシャンプーを溶かし、ウイッグを入れて５分ほど浸す。その後、表裏を優しく押し洗い。

お湯から取り出し、頭頂部からシャワーなどで泡をきれいに流してすすいだ後、トリートメントを毛先に付ける。

きれいなお湯に３分ほど浸した後、シャワーなどで流してすすぐ。その後、水気を絞る。

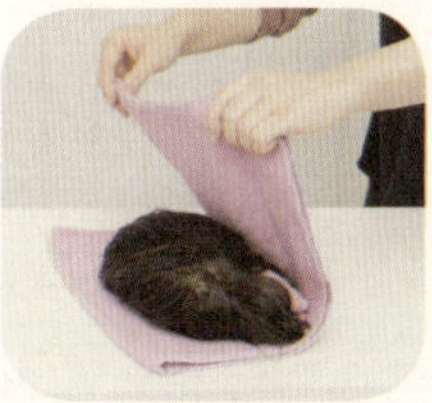

丸めたタオルを内側（裏地側）に入れておき、別のタオルで全体を包み、水気を拭き取る。

ドライヤーの温風（弱）で内側から乾かす。外側は、毛流れに逆らわないよう頭頂部から毛先に向かって風を当てる。

タオルを載せたスタンドにウイッグをセットし、粗めのコームでとかす。

ブローして仕上げる。

暑さ対策

左のような、夏の暑さを乗り切る裏ワザもお伝えするとよいでしょう。

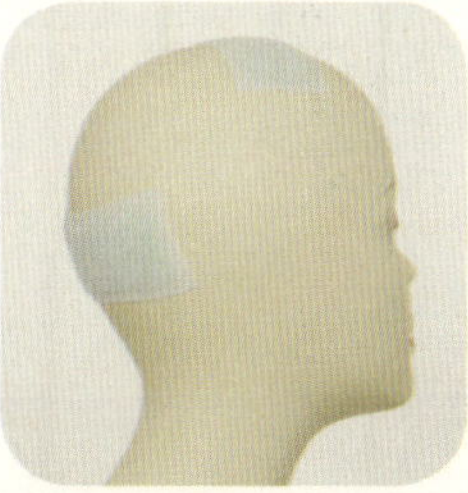

冷却シートを頭に貼る

吸汗パッドを裏地に貼る

ウイッグスタイルいろいろ

ウイッグでも、バリエーション豊かなスタイルを提供可能。
お客さまの希望を最大限、かなえましょう。

Short

女性らしい丸みのあるショートスタイル。襟足は、浮かないギリギリの長さ（5センチ）ですっきりさせつつ、前髪は長めに流して上品さを。ヘアカラーは8レベルのベージュ。

Bob

ストレートでも自然な丸みの出るグラボブスタイル。ジグザグにパートを取ってフロントを立ち上げ、クールな印象に。8レベルのウォームブラウンにカラーリング。

Medium

ベースはグラデーションカットでひし形シルエットに。表面にはレイヤーを入れ、動きが出るようにした。ハーフアップもできる長さのためアレンジもしやすい。

Long

スーパーロングのウイッグを使用した、ツートーンカラーの個性派ロング。動きと立体感が出るよう、レイヤーにカット。アイロンで巻けばゴージャスな雰囲気に。

Perm

前髪をリップラインでカットし、斜めに流した大人上品スタイル。パーマで躍動感のある爽やかな印象に仕上げた。顔周りはリバースに巻いて華やかさをプラス。

3
PART

ウイッグにまつわるQ&A

Q1
がん闘病中のウイッグは、「医療用」でなければならないの?

ファッションウイッグを活用している方も、もちろんいます。例えば、アパレルショップ店員20代のお客さまなら、おしゃれを楽しむように低価格のウイッグをいくつかそろえる、または40代教員など堅い職業の方なら、人毛100%で耐久性のあるウイッグをなるべく自然に見えるようメンテナンスしながら使うなど、ライフスタイルや予算に合うものを提案するとよいでしょう。医療用を選ぶ際には、①裏地は通気性のよい素材、②頭頂部に人工皮膚が付いている、③総手植えで耐久性に優れている、④アジャスター付きで発毛期にサイズの微調整が可能、などがおすすめです。

Q2
子ども向けのウイッグはどうしたらいい?

成長期はサイズの変化が激しいので、余裕を持たせたサイズを選び、アジャスターで調整します。ただし、運動したときに脱げ落ちないよう注意。汗をかきやすいので、夏場の暑さ対策は必須です。校則で髪を結ばなければならない場合や、水泳の授業後に短時間で乾かさなければならない場合もあるので、スタイル提案は重要。メインのウイッグの他に三つ編みにした帽子用ウイッグを用意するなどして使い分けると便利です。また、髪色は大人用よりも黒いウイッグを希望されることが多いので、必ず確認しましょう。

Q3
脱毛中のお客さまをシャンプーするとき、気を付けることは?

脱毛が始まると、触っただけでバサッと抜ける状態に。まずは粗めのブラシでそっととかし、抜け毛を取り除いてから濡らします。水圧は弱め、温度もぬるめに。頭皮を傷つけないよう、泡で優しく洗います。シャンプー剤は無香料にし、クール系など刺激の強いものは避けるべき。すすぐときも髪が抜けるので、絡まないよう注意。超ロングヘアの場合は、ある程度の長さを切ってからシャンプーした方が安全です。シャンプー後のマッサージは、お客さまに確認してから。術後ならば、優しくなでる程度にしましょう。カットクロスやシャンプークロスは、カラー用など色の濃いものを使い、落ちた髪が気にならないようにするなどの配慮も必要です。

副作用は、肌・爪・眉・まつ毛にも

技術／肌・爪などのケア編

4 PART

がん治療には、頭髪が抜ける他、
肌・爪・眉・まつ毛などにもさまざまな変化が伴います。
サロンでできるアピアランスサポートについて、
見ていきましょう。

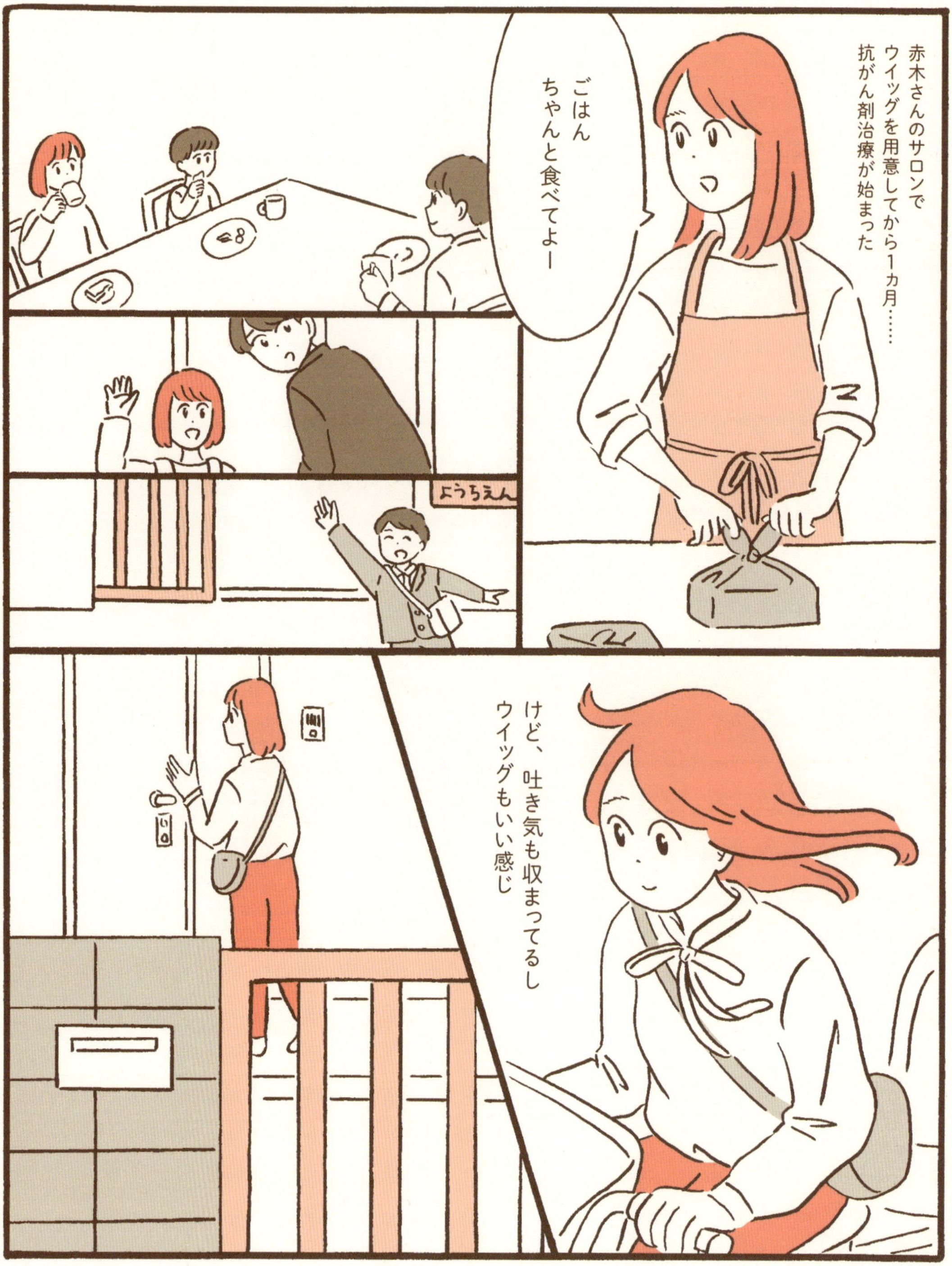
赤木さんのサロンで
ウイッグを用意してから1カ月……
抗がん剤治療が始まった
ごはん
ちゃんと食べてよー
ようちえん
けど、吐き気も収まってるし
ウイッグもいい感じ

でも、近ごろ爪が
でこぼこしてきて
恥ずかしい……
眉毛とまつ毛も抜けちゃって
メイクも難しい……
一度、赤木さんのところへ
行ってみよう
赤木さんの
サロンへ
あぴ子さん、
体調は少し
落ち着きましたか？
ウイッグの
かぶり心地は
どうですか？
おかげさまで
周りも気付かない
みたい
でも、爪にも
副作用が出ちゃって……

眉毛とまつ毛も抜けちゃったからメイクも難しくて
もうすぐ娘の授業参観があるから、それまでに何とかしたいんです
分かりましたじゃあ、付けまつ毛と眉のレッスンをしてから、ネイルケアをしましょう
アシスタントのりえちゃんがメイク得意なんです
まつ毛はここを持って……
こう?
眉はパウダーで
チークはこんな色でこう入れると、顔色が良く見えます
ほんとだー ナチュラルだけどすてきね!
次はネイルケアをしますね

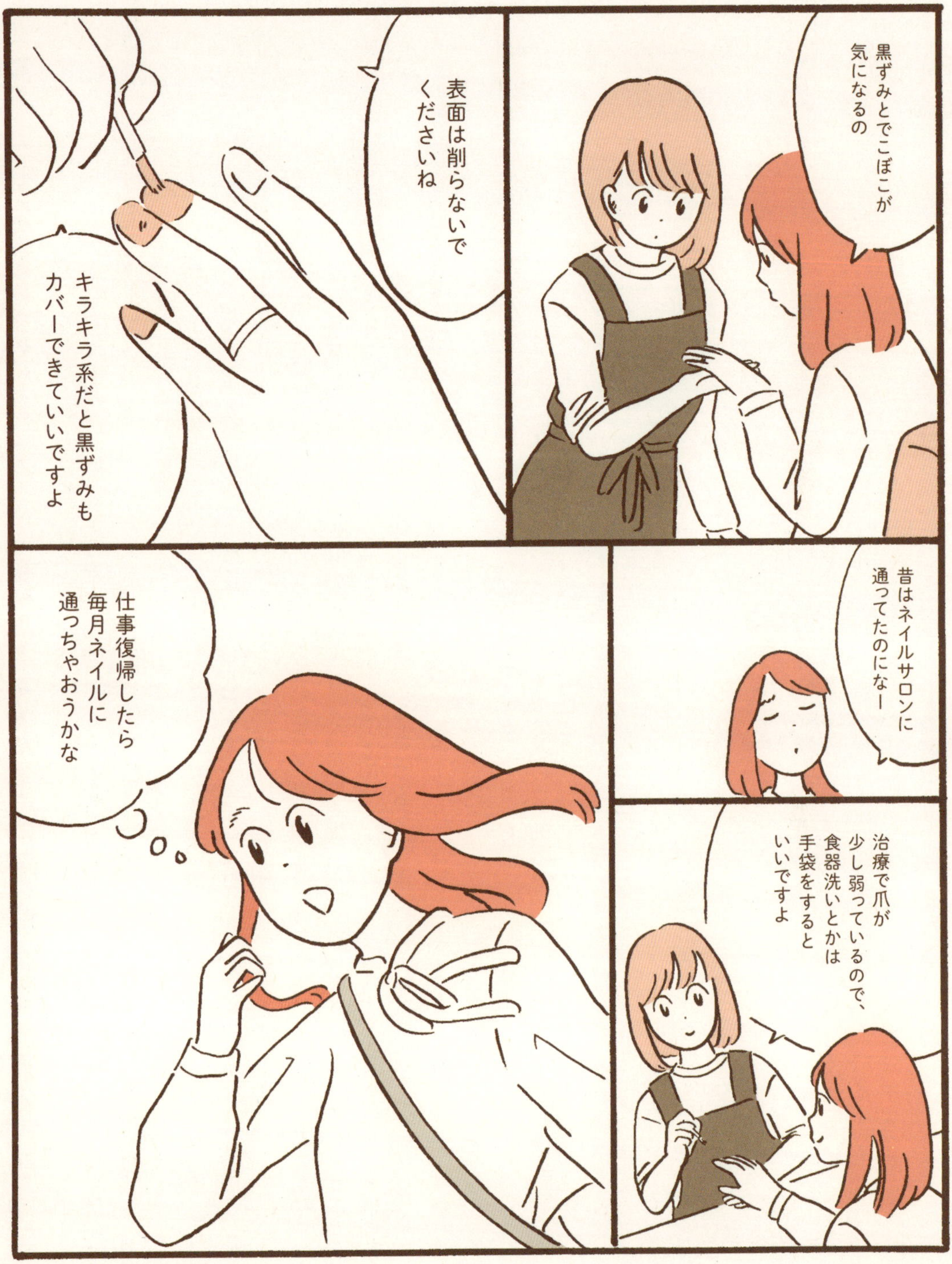
黒ずみとでこぼこが気になるの
表面は削らないでくださいいね
キラキラ系だと黒ずみもカバーできていいですよ
昔はネイルサロンに通ってたのになー
治療で爪が少し弱っているので、食器洗いとかは手袋をするといいですよ
仕事復帰したら毎月ネイルに通っちゃおうかな

肌のアピアランスサポート

まずは、肌のサポート方法について、ポイントをお伝えします。

肌への影響は多岐にわたる

肌には、手術のあとが残ったり、放射線治療によって皮膚障害が起こったりする他、化学療法でもさまざまな副作用が現れます。中には専門的な治療を必要とするケースも少なくありません。

私どものサロンを訪れるお客さまに多いのは、皮膚が乾燥してしまったり、黒ずんだり、ブツブツができてしまったり、といった悩み。さまざまなライフイベントを楽しんでいただくため、また、闘病中でもその方らしく過ごしていただくため、肌(特に顔)のサポートは必須といえます。

主な変化

- 黒ずむ(色素沈着)
- 発疹が出る
- 乾燥する
- かゆくなる
- 手術のあとが残る
- あざができる

など

肌サポートの基本

顔だけでなく、全身の皮膚が乾燥しやすくなるようです。治療を必要とする症状や傷がなければ、ローションやクリームなどで保湿することが大切です。また、紫外線を避けること。日焼けを最小限に抑え、がん治療の影響で起こる以外の肌トラブルの原因を取り除くことがポイントです。

サロンでできる主なサポートは、スキンケアとメイクです。フェイシャルや、あざなどを隠すメイク施術を行なうほか、ご自宅でのスキンケア・メイクアドバイスをすると喜ばれます。

気を付けること

医療的なケアを必要とする場合は、医師に相談

明らかに皮膚障害が起こっている場合は、絶対に無理をしないこと。医師の許可を得てから、適切に対応しましょう。

エステの注意点

エステ施術を行なう場合は、お客さまを通して医師に確認し、許可を取った上で、フェイシャルのみにとどめた方が無難です。デコルテのマッサージなども控え、特に、刺激の強い手技(かっさや、「骨格矯正」などをうたったもの)は、避けるべき。アロマの香りにも注意します。なお、治療の一環として病院でマッサージなどが行なわれることもありますが、サロンで提供されるものとは全く異なります。

セルフケアのアドバイス

治療中は、肌が敏感になったり、アレルギーが出やすかったりする場合がありますが、基本的に、普段使っている化粧品などで問題がなければ、それらを使ってもらうとよいでしょう。また、日焼け対策はしっかりと。紫外線を浴びると肌へのダメージが強く出たり、色素沈着しやすかったりする傾向があります。

赤みや黒ずみをメイクでカバー

赤みをカバーする

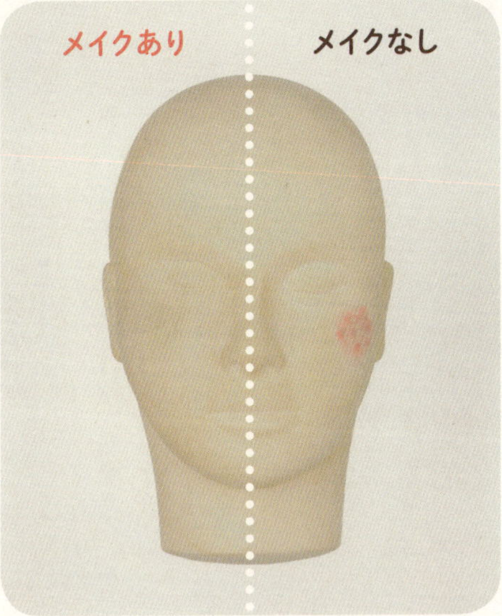

1. 赤の補色である緑色のコンシーラーを赤みの強い部分に付ける。

2. 1でカバーできない箇所に、カバー力の高いペンシルタイプの肌色コンシーラーをピンポイントで。

3. 1・2の後、リキッドタイプの肌色コンシーラーでさらにカバー。

黒ずみをカバーする

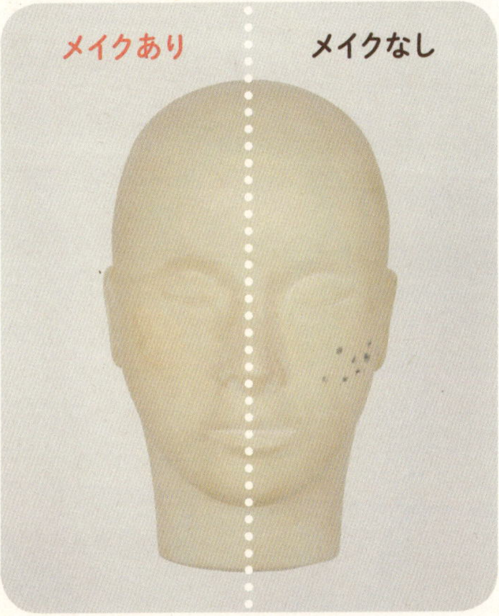

1. 特に濃い部分に、ピンポイントで付けていく。

2. 色素沈着している周辺をなじませる。

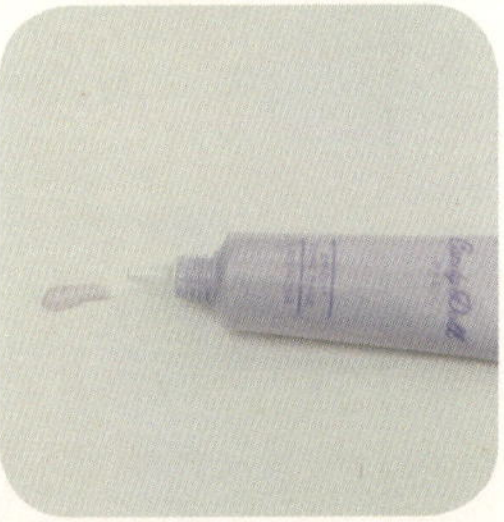

くすみや黄疸が目立つときは……

紫色のコンシーラーでカバー。透明感やナチュラルな赤みが出やすい。

爪のアピアランスサポート

爪にもさまざまな変化が現れます。
脱毛と並び、お客さまを悩ませる爪のサポートを見ていきます。

爪の変化は不便を伴う

爪も、抗がん剤の副作用が頻発するパーツの一つです。爪の表面が黒ずんでしまったり、でこぼこに変形したり、欠けやすくなったり。爪や指先は、日常的な動作で最も頻繁に使う部位であり、体の中でも、最もお客さま自身の目に入りやすいところです。生活への影響も少なくありません。

主な変化

- 黒く変色する
- でこぼこになる
- 割れやすくなる
- 二枚爪になる

よくある副作用

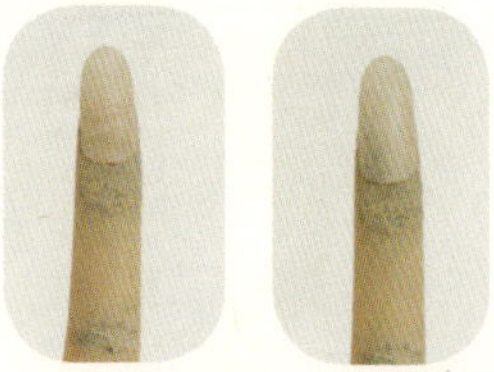

上は副作用の状態を模して作成したチップ。写真のように、指の関節や手の甲が黒ずんでしまうこともある。

爪サポートの基本

爪の悩みを何とかしたいのに、「ネイルサロンで断られた」「怖くて行けない」というお客さまは少なくありません。できる限り、サポートしてあげましょう。治療の状況（予定や終了時期）や、爪・皮膚の状態を確認し、問題がなければネイルケアやカラーリングなど、それぞれに適したケアを提案します。また、結婚式など特別なイベントを控えている場合は、ネイルチップを作成すれば、３Dなど華やかなネイルデザインを楽しんでいただくことも可能です。

ネイルケアの手順

痛みや炎症がなく、基本的なネイルケアができる状況の場合は、以下のような手順で進めます。

1. 爪の形を整える。引っ掛かりにくい形を提案するとよい。
2. 甘皮の処理をする。丁寧にケアすることで保湿効果も上がる。
3. 表面を整える。ただし、爪が薄く、もろくなっている場合は表面を削らないように。
4. 保護のため、ベースコート、トップコートを塗る。

気を付けること

痛み、かゆみ、炎症は医師の許可を得てから

アピアランスサポートの基本は、施術してよいかどうか分からないとき、医師に確認を取ること。お客さまを通じ、許可を得てから行なおう。

ジェルネイルはしばらくお休み

闘病中のジェルネイルは控える。爪表面のサンディングや、爪にカビの生える「グリーンネイル」の危険性、入院時に爪で健康状態を測ることができない、治療器具が装着できないなど、理由はさまざま。

カバーしやすい色・向かない色

キラキラ系でカバー

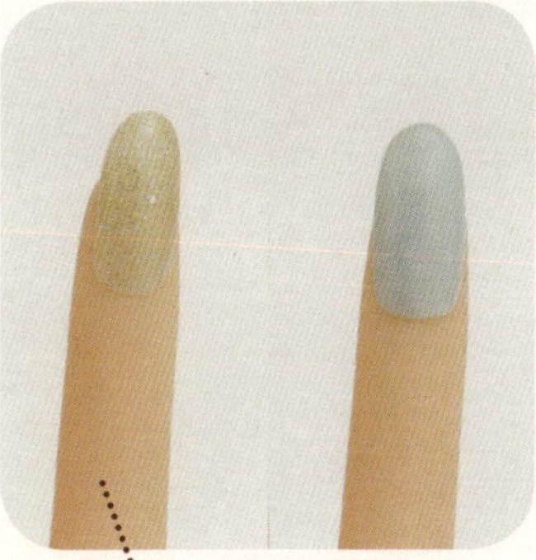

こちらの方が目立たない

濃い色でカバー

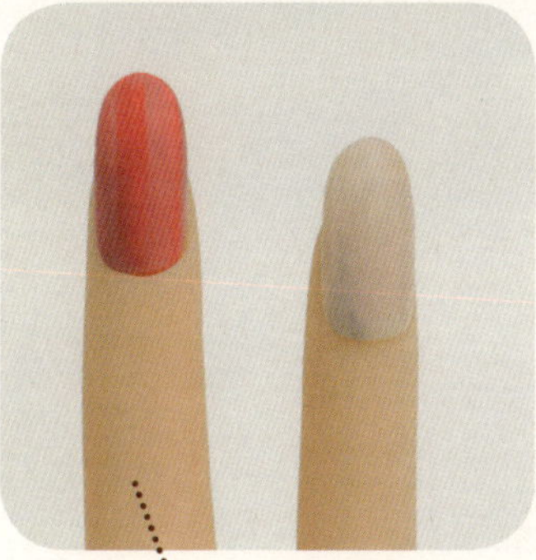

こちらの方が目立たない

爪が黒ずんでいる

爪が黒ずんでいる場合は、濃い色でカバーするか、パール系、ラメ入りカラーを塗ると目立ちにくい。

NG

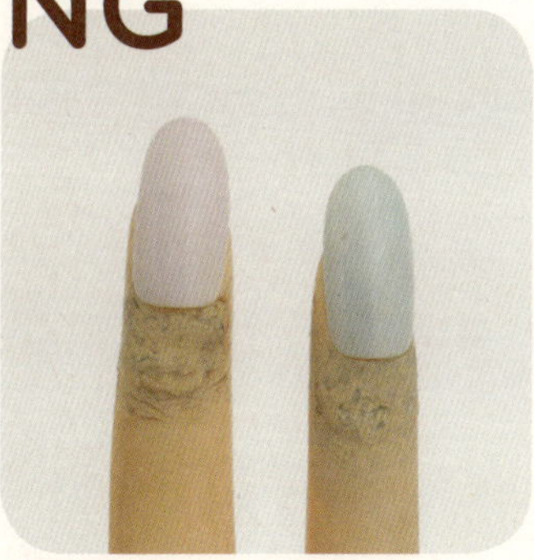

パステル系はくすみが目立つ

OK

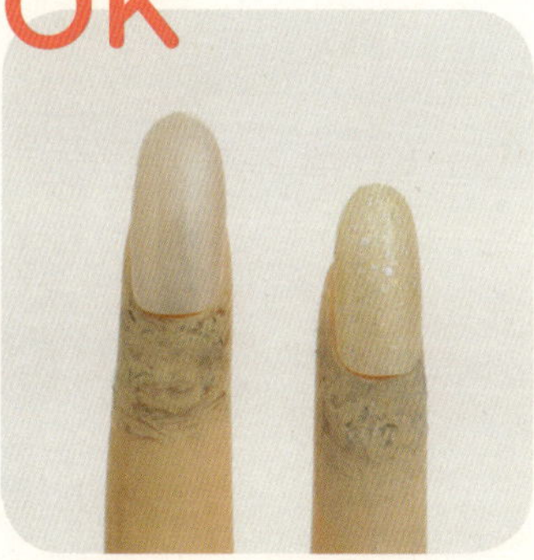

ゴールドやピンクベージュは
肌になじむ

指や手が黒ずんでいる

指や手の甲がくすんでいたら、ゴールド系やピンクベージュなど肌になじみやすい色がおすすめ。パステル系はくすみが目立ってしまう。

NG

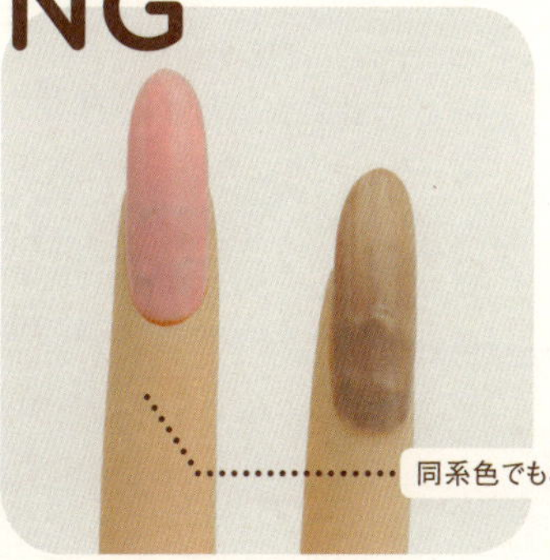

マット系はでこぼこがくっきり

同系色でもこんなに違う！

OK

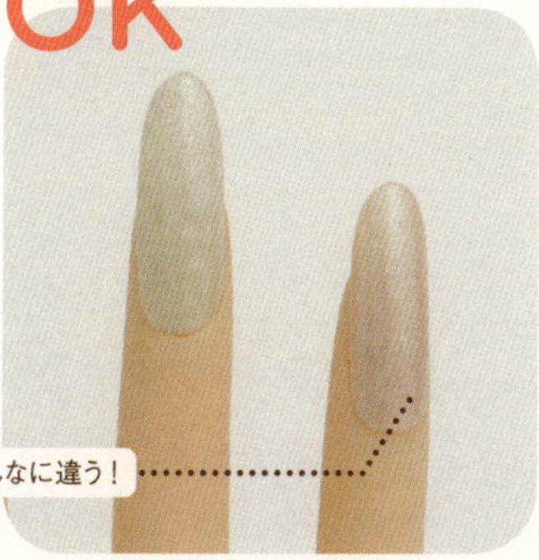

パールやラメででこぼこをカバー

爪がでこぼこしている

マット系よりもパール系やラメの入っているものの方が、凹凸が目立ちにくい。左の写真のように、同じピンクでもその差は歴然。

眉・まつ毛のアピアランスサポート

眉やまつ毛が抜けたときは、メイクやメガネなどでカバーするのが一般的です。

眉・まつ毛は顔の印象を変える

抗がん剤の影響で、眉やまつ毛が抜けることがあります。眉・まつ毛の脱毛は顔の印象を著しく変化させるため、お客さまの不安も強くなりがちです。また、まつ毛がないと目にゴミや汗が入りやすくなったり、光をまぶしく感じたりと、日常的な不便さも生じます。

サポートの方法

眉の描き方レッスンや、付けまつ毛のレクチャーなどを行なうと喜ばれます。日常的にメイクをしている女性でも、眉が全て抜け落ちてしまうとなかなか上手に描けないものです。また、メガネや前髪のバランスを工夫するなどして、うまくカバーする方法をお伝えするのもよいでしょう。

ポイント

抜ける前に、眉の写真を撮っておく

眉の描き方レッスン

●大まかな形をつくる

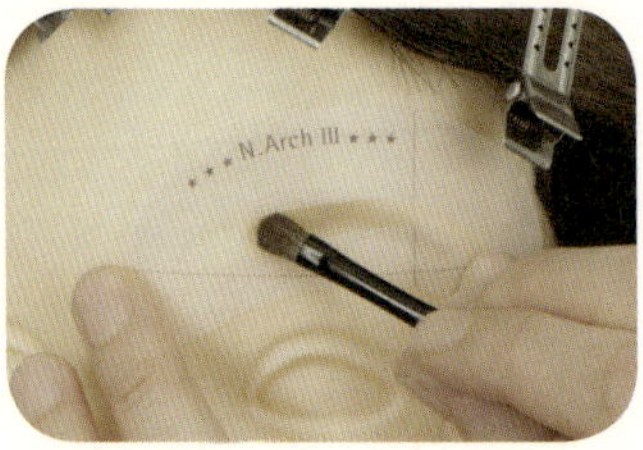

テンプレートを好みの位置に乗せ、アイブローパウダーで形をつくる。

●毛を描いて自然に

テンプレートを外し、リキッドアイブローライナーで1本ずつ毛を描いていく。

1. 眉毛テンプレート
2. アイブローパウダー
3. リキッドアイブローライナー
   脱毛後は油分が出やすいため、ペンシルは描きにくい。

付けまつ毛の付け方レッスン

1

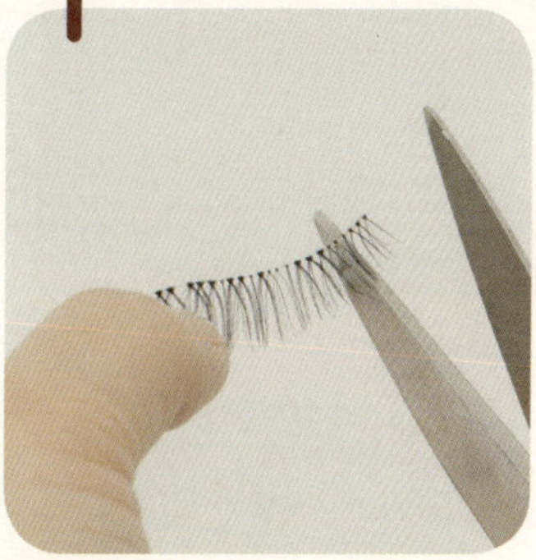

目の大きさに合わせて
付けまつ毛をカットする。

2

のりを根元部分に付ける。

3

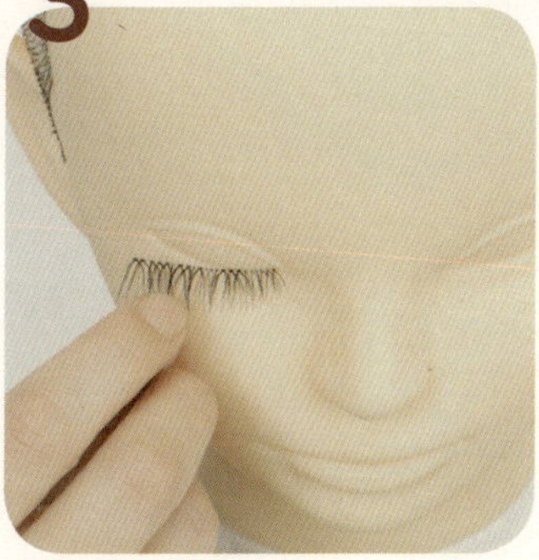

目頭から付けていく。
順に、真ん中から目尻まで。

「付けまつ毛専用のり」や、
二重まぶたをつくる
「二重のり」を使うとよい。

付けまつ毛には、根元にアイラインを模したラインが入っているものと、入っていないものがある。ナチュラル派にはラインなし、しっかりメイク派にはラインありがおすすめ。

気を付けること

まつ毛エクステは避ける

まつ毛エクステは、まつ毛が完全に抜け落ちた状態では装着できない上、残っているとしてもがん治療中や治療後はまつ毛が弱っており、細く短いため、1本1本への負荷が大きく、取れやすい。グルーなどのアレルギー症状も出やすいので、元の状態に戻るまで待つべき。

PART 4 肌・爪・眉・まつ毛のQ&A

Q1
**自宅での
スキンケアで、
気を付けることは?**

大切なのは、肌を①清潔に保つこと、②保湿すること、③保護すること。まずは刺激の少ないせっけんでこすらず優しく洗い、化粧水やクリームなどで保湿します。治療前から使用している化粧品で問題がなければ、そちらを使ってもらうとよいでしょう。ただし、アルコールの入った製品は皮膚を乾燥させてしまうため、避けた方が無難です。日常生活では、日焼けは厳禁。冬でもSPF15程度の日焼け止めを使用している方が多いようです。

Q2
**自宅でできる
ネイルケア
アドバイスは?**

手足とも爪がもろくなっている場合が多いので、引っ掛けて割れてしまわないよう、手袋や靴下で保護するとよいでしょう。家事を行なう際も手袋を着けて。手を洗うたび、ハンドクリームやオイルなどで手と爪の根元をしっかり保湿。また、爪切りは使わず、お風呂上がりにネイルファイルで長さを整えます。痛みや炎症がなければ、マニキュア（ベースコートやトップコート）などで表面の凹凸をカバーするとよいでしょう。表面は絶対に削らないように。

Q3
**カバーメイク専用の
化粧品を使った方が
いいですか?**

メイクもスキンケアも、特に問題がなければ、いつも使っている化粧品を使うのが基本です。しかしながら、それらでカバーできない傷あとや黒ずみがある場合には、あざや傷あとを隠すためにつくられたカバーメイク専用の化粧品も販売されているので、そちらを使うとよいでしょう。

治療後も、回復するまで徹底サポート

アフターフォロー編

5
PART

がん治療が終わっても、アピアランスサポートは続きます。
再び髪が生えてウイッグを外せるようになるまで、
また、爪や眉・まつ毛のトラブルが改善されるまで、
しっかり支えていきましょう。

抗がん剤治療と
手術が終わって半年、
仕事にも復帰した
バシャ
バシャ
髪は少しずつ生えてきてるけど、
何だかチリチリしてるのよね
白髪も増えたし、
前髪も伸びないし
髪質が変わっちゃったのかしら……
あれ？
もしかして
傷んでる？
ブォ
赤木さんに見てもらおう

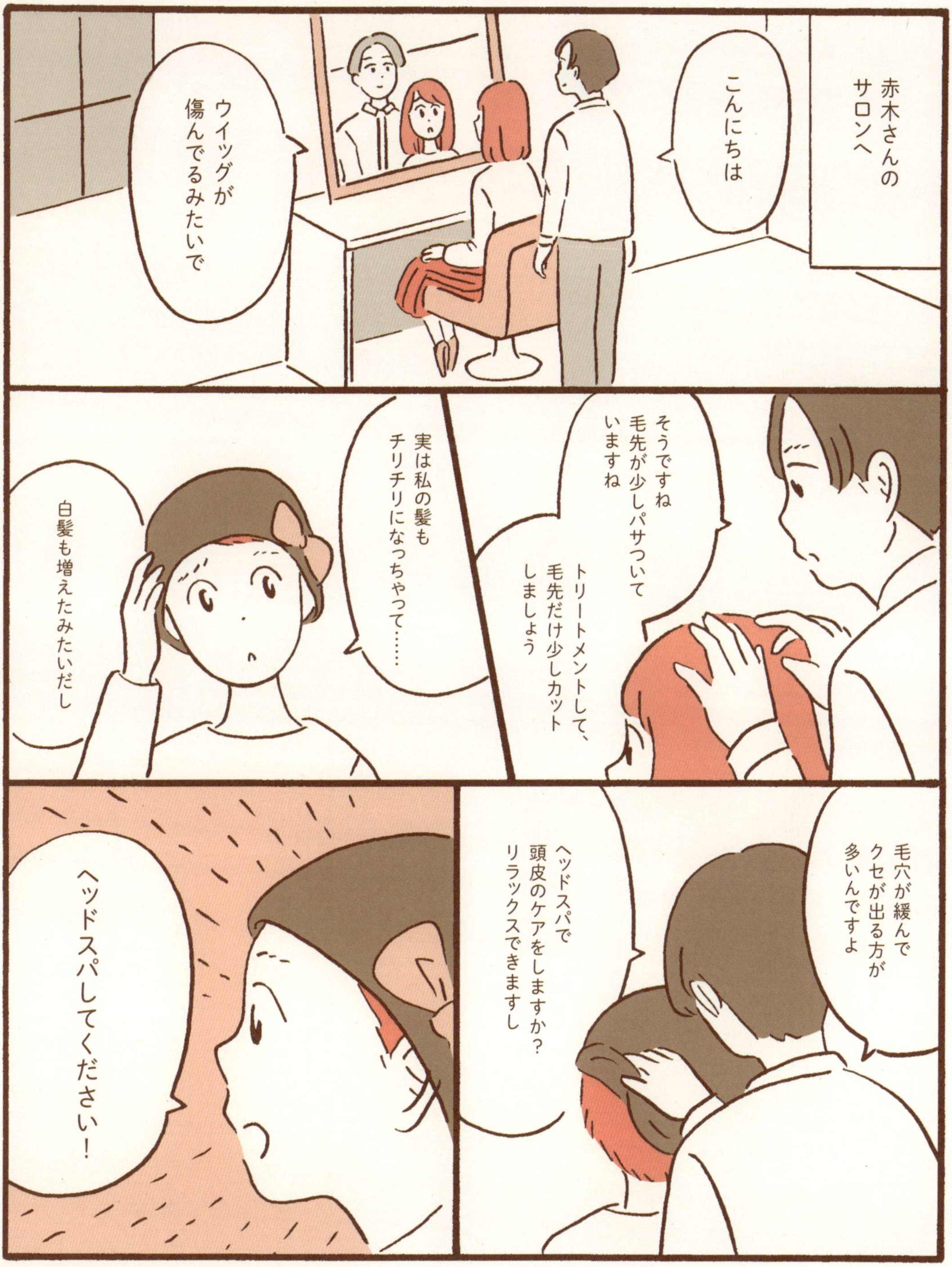
赤木さんのサロンへ
こんにちは
ウイッグが傷んでるみたいで
そうですね毛先が少しパサついていますね
トリートメントして、毛先だけ少しカットしましょう
実は私の髪もチリチリになっちゃって……
白髪も増えたみたいだし
毛穴が緩んでクセが出る方が多いんですよ
ヘッドスパで頭皮のケアをしますか？リラックスできますし
ヘッドスパしてください！

髪も伸びてきてるし、ウイッグもそろそろ短くしていきましょうか？
脱ウイッグの準備ですね
前髪が生えそろわない場合は、頭頂部だけのトップピースを使うこともできますよ
あー、気持ちよかった
来週は卒園式もあるし……
あ！
下の子の卒園式と入学式がもうすぐなの
ウイッグじゃ髪のセットは無理ですか？

大丈夫ですよ アップスタイルにしますか？
ほんとに!? うれしい！
赤木さん、私がつらいときも親身になって支えてくれて本当に、ありがとう
小学校入学式
皆さんのおかげで、闘病中も私らしく過ごすことができました これからも、おばあちゃんになるまで、ずっと、ずっと、よろしくお願いします

脱ウイッグまでしっかりサポート

ウイッグは、販売して終わり……ではありません。
地毛でヘアスタイルがつくれるようになるまでのサポートについて紹介します。

脱ウイッグまでの大まかなタイムライン

※抗がん剤治療の場合

髪が生えそろうまで

抗がん剤での治療期間はお客さまによってさまざまですが、トータルで数ヵ月に及ぶケースが多いでしょう。投与開始から2～3週間後に脱毛が始まり、お客さまはウイッグを使い始めます。治療期間中はもちろんのこと、治療が終わっても、地毛でヘアスタイルをつくることができるようになるまで、ウイッグは大活躍。その利用期間は、最低でも1年～1年半に及びます。

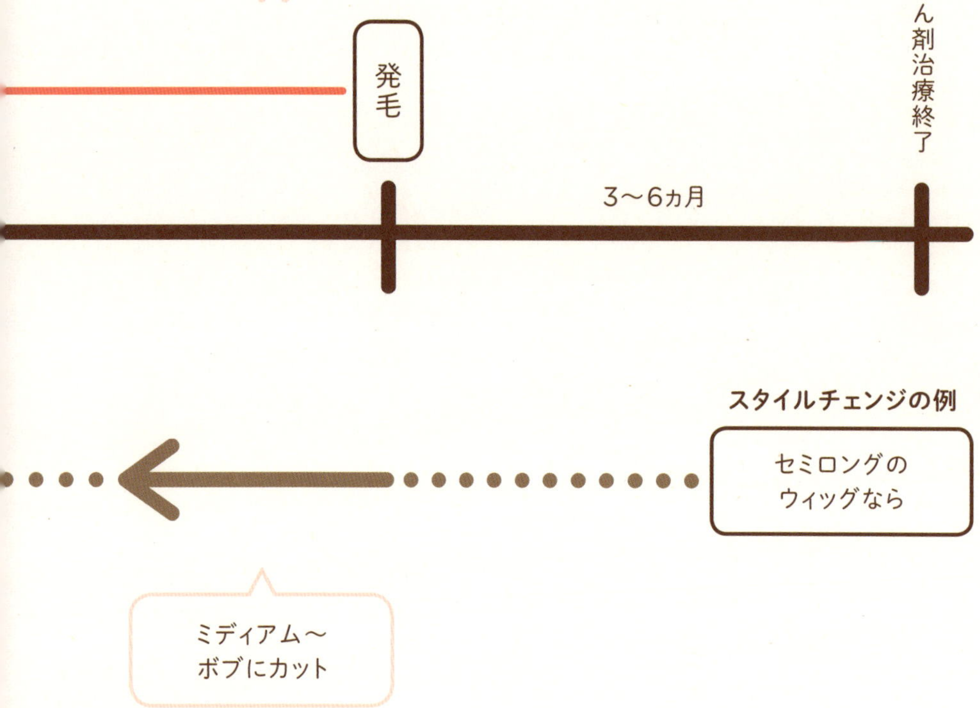

ウイッグのメンテナンス

利用が長期間にわたるため、ウイッグのメンテナンスは必須です。日頃のお手入れはお客さまご自身に行なってもらいますが、ウイッグにトリートメントをしたり、傷んだ毛先をカットしたり、サロンでしっかりサポートしましょう。気分転換に、スタイルチェンジを提案するのもおすすめです。徐々にレングスを短くしていけば、ウイッグから地毛への移行もスムーズです。

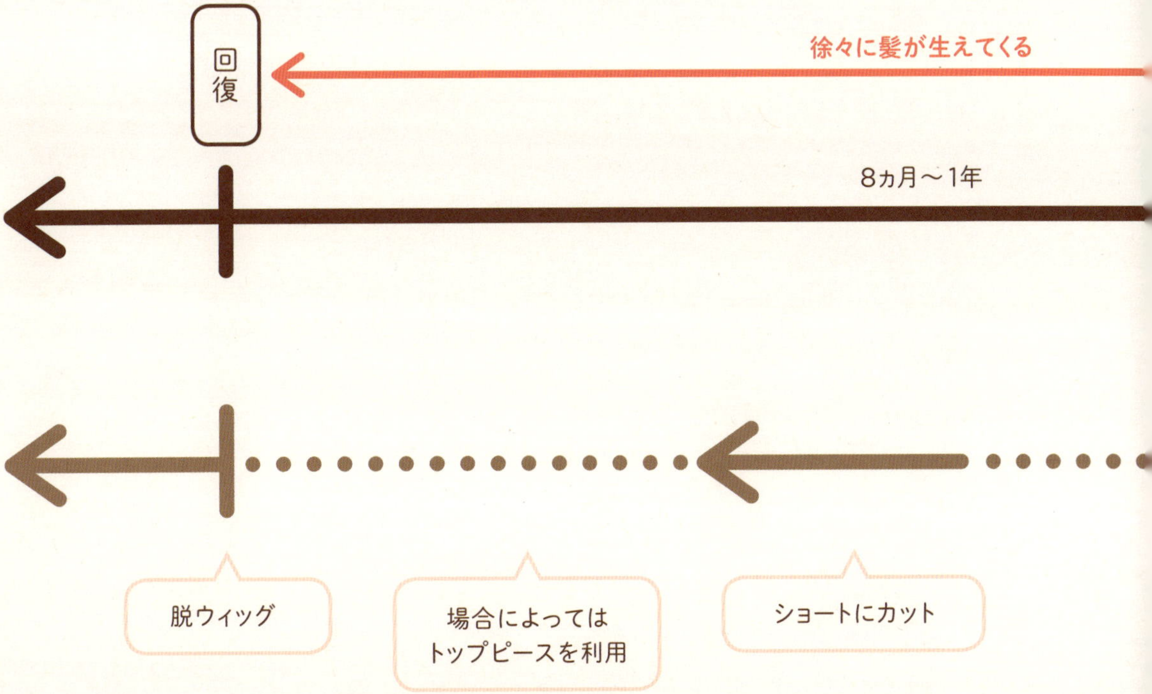

脱ウィッグに向けて

抗がん剤治療が終わったら、髪は再び生えてきます。個人差はありますが、ショートスタイルをつくれるぐらいの長さに地毛が伸びるまで、およそ8ヵ月〜1年。このスピードに合わせて、ウイッグのレングスを徐々に短くしていくと、地毛への移行がスムーズです（前ページのタイムライン参照）。お客さまと相談しながら、脱ウイッグへ向けての準備をしていきましょう。

脱ウイッグへ向けてのウイッグ＆地毛のスタイル提案は、美容師の腕の見せどころ。ウイッグは、例えばロング→セミロング→ミディアム→ショートなどと徐々に短くしていけば、傷んだ毛先をカットできるし、手入れもしやすい。人毛ウイッグなら、季節やトレンドに合わせたヘアカラーやパーマも提案可能。

ウイッグと地毛のレングスに差がありすぎると……

ウイッグを外したときにヘアスタイルの違いが際立ち、周囲が驚いてしまうかも。大胆なスタイルチェンジをしたいというお客さまでなければ、ハードルが高い。

地毛をロングに伸ばしてウイッグを外す場合

ウイッグ着用期間は2年以上となるため、ウイッグが傷んでしまう他、伸びてくる地毛がウイッグ内で膨らみ、フィット感が悪くなるというデメリットも。

再発毛後の髪質が変わる？

頭に手術の傷あとがある場合や、放射線を頭部に照射した場合は、半永久的に髪が生えないこともありますが、抗がん剤治療であれば、基本的に脱毛は一過性。ほとんどのケースでは、再び髪が生えてきます（ただし、十分に回復しない場合もあり）。この再発毛のとき、縮毛や白髪が生えてくることがあります。「クセ毛（または白髪）になってしまった……」と戸惑うお客さまも少なくありませんが、ほとんどの場合は一時的なものといわれています。

ただ、もとの髪質と比べると、再発毛後には多少の変化が見られるようです。私たちのサロンでは、「細くなった」「柔らかくなった」「毛量が少なくなった」というお客さまもいらっしゃいます。

地毛にヘアカラー＆パーマはＯＫ？

地毛にヘアカラーをするなら、再び生えてきた毛が5センチ程度の長さ（再発毛からおよそ6ヵ月）があれば施術可能といえます。ただし、元々アレルギーがないかを確認し、パッチテストを実施してから。頭皮になるべく負担がかからないよう、マニキュアを塗るときのように地肌から少しハケを浮かすようにして塗布します。シャンプーの際も、カラー剤が地肌に付かないよう、乳化は行ないません。シャンプーでしっかりと洗い、薬剤が頭皮に残らないようにします。マニキュアやヘナも、考え方は同じです。

パーマも、断毛しやすいので注意が必要です。シニアのお客さまには、トップピースを使ってボリュームアップを提案した方が安全でしょう。白髪が伸びてきても、トップピースなら染めずにカバーできるため、意外と便利です。

地毛が生え始めたら……

地毛があると、ウイッグが滑りやすくなる。ネット（裏地）にストッパーを縫い付けて、地毛に引っ掛けるようにするとよい。

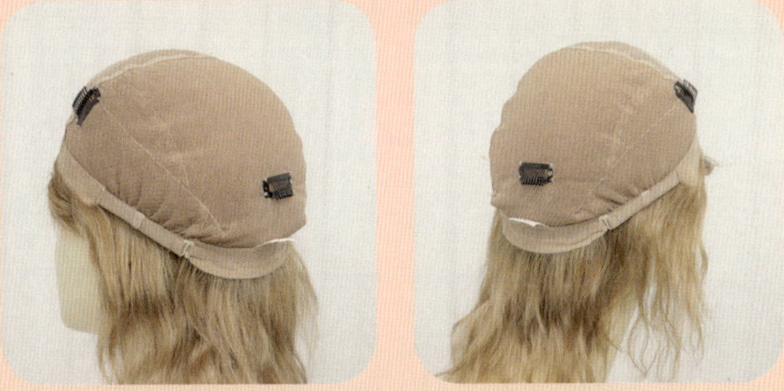

髪が生えてきた部分にストッパーを装着。

トップピースを活用する

前髪や頭頂部の髪がなかなか生えそろわない場合は、部分用のトップピースを使います。

未カットのトップピースウイッグ

お客さまの髪色やスタイルに合わせて調整し、使用する。

例えばこんな場合

BEFORE

フルウイッグより快適！

AFTER

額の生え際から、だいたい指3本分を空けた部分を起点として……、

地毛にトップピースを装着。

おしゃれを楽しむ提案を

治療も落ち着き、少しずつ日常を取り戻しつつあるお客さまには、おしゃれやファッションを楽しむ提案やアドバイスが喜ばれます。ネイルで指先を彩ったり、ヘッドスパでリラックスしていただいたり。プラスアルファのメニューでリフレッシュしていただくとよいでしょう。美容室への来店を楽しみにしているお客さまは、たくさんいるのです。

NG

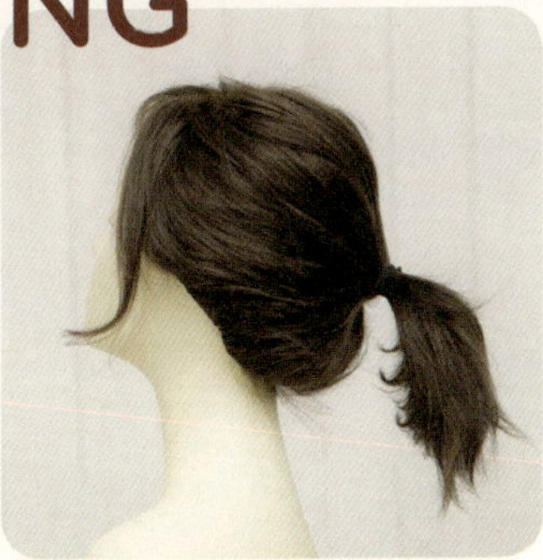

裏地が
見えないように！

ウイッグでセット＆アップもOK！

結婚式や入学式などのセレモニーや、ちょっとしたパーティーなどのイベントに参加するお客さまもいらっしゃることでしょう。しかし、ヘアスタイルへの制限を考えて参加を諦めてしまったり、出席したとしてもウイッグを不安に思い、楽しめなかったり……という方は少なくありません。ですが、ウイッグでもセット＆アップスタイルは可能です。ウイッグでできる、すてきなパーティーヘアを提案していきましょう。

注意！

着付けを行なう場合は、医師の許可を得てから。手術後の痛みや締め付け感、むくみなどで和装が望ましくない場合もあるので注意。

5 PART 地毛の回復にまつわるQ＆A

Q1

自宅で、地毛やウイッグにホームカラーをしてもよい?

ウイッグへのホームカラーは絶対にやめてもらいましょう。色ムラやダメージなどトラブルの原因となります。また、地毛の場合も地肌に薬剤が付きやすく、頭皮への負担となるため避けた方が無難です。お客さま自身が行なうホームカラーだと、髪質や状態に合わせた微妙な調整が難しく、不要なダメージを与えてしまうことも……。美容室で、プロの手に委ねてもらいましょう。

Q2

ストレートパーマはOK?

化学療法終了後の再発毛時には、一時的にクセ毛・縮毛となる場合があり、ストレートパーマを希望するお客さまは少なくありません。その場合は、髪がストレートアイロンで挟める程度に伸びたころ(地肌に薬剤が付かない長さ。6～8ヵ月程度)を目安に行ないます。施術に際しては、ヘアカラーと同様、地肌に薬剤が付着しないように塗布し、ダメージ毛用の優しい薬を使うとよいでしょう。

Q3

育毛剤を使えば、早く髪を回復させられる?

残念ながら、化学療法による脱毛に育毛剤が効くという確証は、今のところありません。治療中は、薬との相性もあるので使用を避け、育毛剤を使うとしたら、治療終了後に、医師の確認を取ってから始めた方が無難でしょう。

参考文献・URL一覧

『がん患者に対するアピアランスケアの手引き 2016年版』
国立がん研究センター研究開発費
がん患者の外見支援に関するガイドラインの構築に向けた研究班編／金原出版（2016年）

『がん闘病中の髪・肌・爪の悩み サポートブック』
赤木勝幸・岩岡ひとみ著／英治出版（2015年）

『抗がん剤治療中の生活ケアBOOK』
中川靖章監修／有楽出版社：実業之日本社（2013年）

『“死後の処置”に活かす ご遺体の変化と管理』
伊藤 茂著／照林社（2009年）

『臨床で活かす がん患者のアピアランスケア』
野澤桂子・藤間勝子編／南山堂（2017年）

国立がん研究センター がん情報サービス https://ganjoho.jp/

アピアランスサポート応用編

ふくりびでは、サロンでの接客だけでなく、幅広い活動を展開中。
アピアランスサポートの可能性は、限りないのです！

専門施設の運営

外見の変化に悩む人々を対象とした、
専門の「アピアランスサポートセンター」を運営。
医療用ウイッグの相談・作成はもちろん、
ネイルやメイクなど各種施術の他、人工乳房や下着、
付けまつ毛などのグッズもそろう。

写真は、愛知県名古屋市の『アピアランスサポートセンターあいち（あぴサポあいち）』。2018年には、東京都文京区にも『あぴサポTOKYO』をオープン。

院内ウエディング

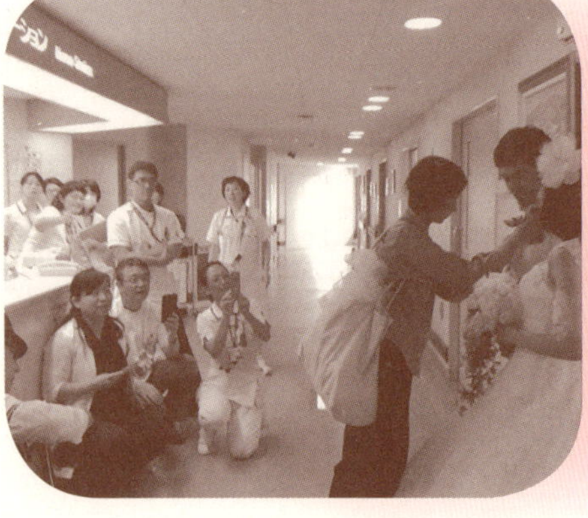

本人または家族が入院中のため
「結婚式を挙げられない……」という人々のために、
病院スタッフらと協働し、院内での結婚式をプロデュース。
なるべく体に負担がかからないよう細心の注意を払いつつ、
開かれる結婚式の感動はひとしお。

photo_S. Takagi

入院中の「親子撮影会」

七五三など、記念写真や家族写真のニーズは
入院中も変わらずあるもの。
そこで、入院中の子どもたちを対象に、
プロカメラマンを招いて撮影会を実施。
衣装を着替え、ヘア＆メイクをしてもらった
子どもたちは、うれしそう。
お父さんやお母さんと一緒にパチリ。

患者向け交流会や各種講座

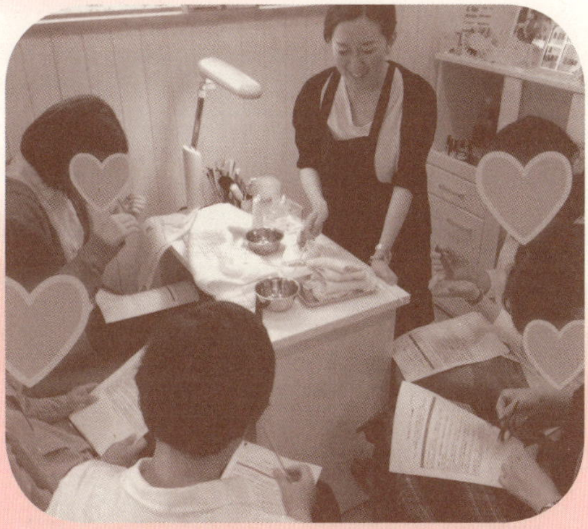

闘病中の患者さんに向けて、ネイルやメイクなどの
講座や交流会を開催。
外見カバーの方法を学びながら、病気と闘う人々同士が
気兼ねなく本音で話し合える場となっている。

医療機関などと連携する

本格的にアピアランスサポートを
行なうならば、医療機関など他の事業者との連携は必須です。

地域でのネットワークづくり

まずは、あなたのサロンで「アピアランスサポートを受けられる」と知ってもらう必要があります。サービスメニューや取扱商品などをチラシやパンフレット、ウェブサイトでお知らせし、ブログやＳＮＳでも継続的に発信しましょう。

ただし、お客さまをモデルに撮影などを行なう場合は、必ず掲載許可を取ってから。お客さまの写真や情報を無断で使用してはいけません。

医療機関へのアプローチのコツ

× チラシなどを送り付ける

× アポなし営業

チラシやパンフレットを院内に設置してもらいたくても、多くの場合、郵送での依頼は断られるか、破棄される。また、営業のため突然訪ねるのも迷惑が掛かるので避けるべき。まずは、他の方法で信頼を得てから、パンフレットなどの設置をお願いしよう。

○ 市民講座や一般向けの勉強会に参加し、活動を知ってもらう

○ サロンのお客さまに医師・看護師・ソーシャルワーカー・患者がいるなら、紹介してもらう

アプローチ先

（窓口となって
くれそうなところ）

病院

- がん相談支援室
- 院内薬局・売店

など

関連機関

- 行政機関（ウイッグ購入の助成金などがある自治体の場合）
- 病院近くの薬局
- 患者会※・患者支援団体

など

※患者会…患者同士が集まり、活動するコミュニティー。患者団体とも呼ばれる。

アプローチ例

- チラシを置いてもらう
- ウイッグの試着会を実施する
- 医療スタッフ向けに
  アピアランスサポートの技術をレクチャーする
- 患者向けにメイクやネイルの講座などを実施する

など

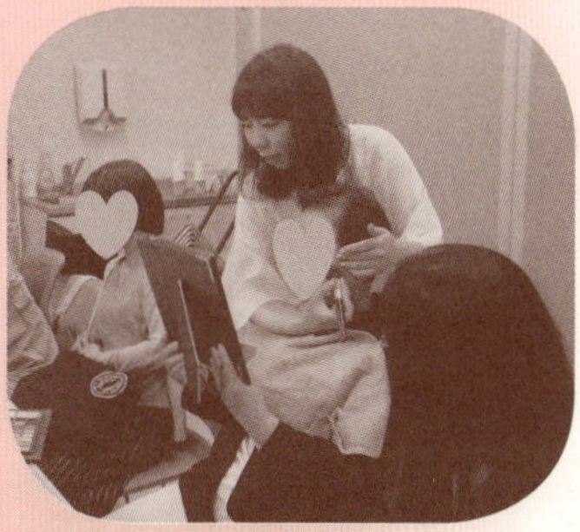

番外編

美容師によるエンゼルメイク

～最期までその人らしく～

エンゼルメイクとは

「エンゼルメイク」とは、お客さまが亡くなった後、ご遺体に施される死化粧のことです。病院で亡くなった場合なら通常、看護師によって行なわれます。ですが、長年のお付き合いから、「最期まで〝あなた〟にお願いしたい」と美容師によるエンゼルメイクを希望されるお客さまもいらっしゃいます。ここでは、番外編としてエンゼルメイクの基本をお伝えします。

エンゼルメイクの基本

美容師が関わる場合、葬儀場あるいはご自宅でのメイクとなります。葬儀関係スタッフとの協働となりますので、ご遺体の主な処置は葬儀スタッフにお任せし、美容師は、ご家族と共に髪を整えたり、メイクの仕上げをしたりします。施術の際は、ご遺体を傷つけないよう細心の注意を払い、敬意を持って行ないます。道具は、基本的に故人やご家族のものをお借りし、それ以外に使用したブラシなどは、感染症予防の観点からディスポーザブルのものを使い捨てるようにしましょう。

生前からの準備が大切

コミュニケーションをこまめに取り、本人のこだわりを聞き出しておく。

↓

例：元美容師の末期がんのお客さま（73歳・女性）の場合

余命を告知されており、本人も死期を悟っていた。体調は悪いが、「白髪頭で死ぬのは嫌だ」と、どうしてもパーマとヘアカラーをしたいとの希望。臨終の3日前にホスピスにてヘアカラーをし、きれいな髪色で見送ることができた。

生前に行なっておくべきケア

○ひげそり
○鼻毛・耳毛カット
○洗髪
○爪切り

生体との違い

○体温が低下する
○極度に乾燥する
○体や皮膚が硬くなる
……蒸しタオルやワセリンを使ってケアする。

○肌が変色する……補色を使ってカバーする。

※専用化粧品を使うと、質感の低下や乾燥をよりカバーすることができます。

エンゼルメイクのポイント

安らかに眠っているようなお顔を目指し、過剰なメイクアップは避けましょう。

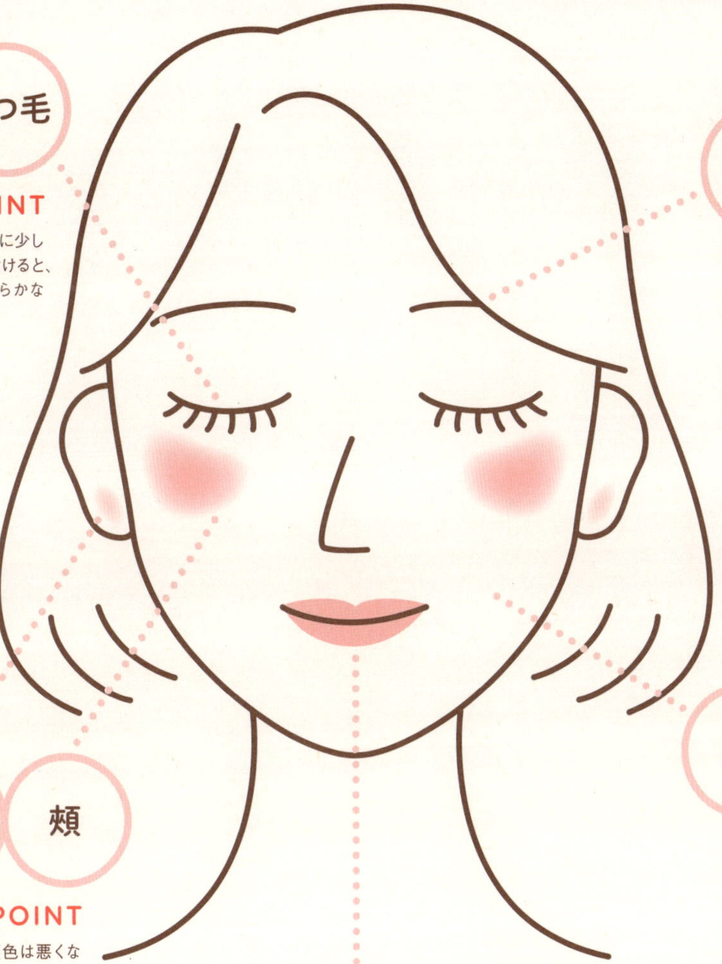

髪

POINT

女性の場合　ホットカーラーを用いて頭頂部に2ヵ所ほど大きなカーラーを巻き、ふんわりとボリュームを出すとよい。前髪が目に覆いかぶさらないように。

男性の場合　ブラシやコームで形を整え、生前のスタイルに近づける。

ウイッグを使っていたなら、ウイッグをかぶせてもよい。頭髪がなく、ウイッグもない場合は、顔の周りを花で埋めてもらい、前髪ウイッグなどで対応。

まつ毛

POINT

女性なら、まつ毛に少しだけマスカラを付けると、陰影ができて安らかな印象に。

眉毛

POINT

眉毛が伸びている場合は、抜かずに切りそろえる程度に。自眉に描き足し、形を整える。脱毛している場合は、ブラウン系の眉ペンシルでうっすらとアーチ型に描く。

耳たぶ　頬

POINT

全体的に顔色は悪くなるので、頬や耳たぶに少しだけチークをさす。

肌

POINT

下地となるクリームをのばして塗った後、ファンデーションを薄くのばす。スプレータイプのものを用いるとムラになりにくく、仕上がりがきれい。

唇

POINT

唇は乾燥しやすく、損傷しやすいので、リップクリームと口紅を混ぜて、指で優しくのばすように塗る。

おわりに

「一生担当してほしい」と言われるために

ふくりびは、高齢者・障害者などの自宅や施設を訪問して理美容サービスを提供する「訪問理美容」を１９９５年から続けています。病気や加齢によってサロンに来ることができなくなっても、また特別なサポートが必要になっても、担当美容師としてずっとお客さまと向き合い続けたいという一心でさまざまなことに挑戦する中で、アピアランスサポートまで活動は広がりました。そんな、僕の「一生担当したい」という思いがお客さまにも伝わっているようで、うれしいことに、何人もの方が「エンゼルメイク（死化粧）」の予約をしてくださっており、僕はそれを心の底から誇りに思っています。

「生涯顧客」という考え方も、近年よく耳にします。ですがこれは、単にリピート率や定着率のことを指すのではなく、「病めるときも健やかなる時も、死が２人を分かつまで」、美容室・美容師とお客さまがパートナーとしての関係を一生続けていくことだと、僕たちは捉えています。

活動の中で、闘病中の方から「いつも通っている美容室で相談したいけれど、迷惑を掛けたくない」という声を聞きました。また一方では、美容師さんから「自分のお客さんには、困り事があったら相談してほしい」という本音を聞きました。このミスマッチを解消したいと思い、研修などを通じてがん闘病中のお客さまが来店したときのサポート方法を伝えてきたかいもあり、当初４軒だけだった「パートナーサロン（提携美容室）」も、現在は１０７軒。各地でのサポートが広がりつつあることを実感しています。

本当は、街にある普通の美容室で「アピアランスサポート」が当たり前に提供されることが、一番いい。それを実現するため、志を共にする仲間と一緒にオンラインサロンを設けて、日々生まれる課題について考え、学び合っています。福祉理美容に関心を持つ全国の仲間ともっとつながり、美容業界に新しい風を起こしていきたい、それが僕たちの目標です。

「誰もがその人らしく美しく過ごせる社会の実現」を目指して――。

ＮＰＯ法人 全国福祉理美容師養成協会　理事長 赤木 勝幸

著者紹介

NPO法人
全国福祉理美容師養成協会（ふくりび）

「誰もがその人らしく美しく過ごせる社会の実現」を目指し、訪問理美容事業、福祉理美容師養成事業を軸に、医療用ウイッグ開発やアピアランスサポートセンター運営、発展途上国での職業訓練などの社会支援活動を展開。2007年設立。
http://www.fukuribi.jp/

岩岡ひとみ

いわおか・ひとみ／NPO法人 全国福祉理美容師養成協会（ふくりび）事務局長。ネイリスト、レセプショニストとして美容室勤務後、2004年から訪問理美容活動に参加。ヘルパー2級、美容師国家資格取得。同協会設立時、事務局長に就任。愛知学院大学経営学部非常勤講師。

赤木勝幸

あかぎ・かつゆき／NPO法人 全国福祉理美容師養成協会（ふくりび）理事長。1995年、愛知県日進市にて独立開業すると同時に、近隣の介護施設などで訪問理美容活動を開始。2007年、同協会を設立し、理事長に就任。多職種協働の福祉理美容活動を本格的に始動させた。

ふくりびの本

技術からマネジメントまで
訪問理美容スタートBOOK

編著／NPO法人 全国福祉理美容師養成協会（ふくりび）
A5判　144ページ　本体2,200円＋税

訪問理美容の基礎知識から、ベッドカット＆シャンプー技術、マネジメントまでを学べる入門書。超高齢社会を迎え、訪問理美容のニーズは増すばかり。これからのサロンに欠かせない技術です。

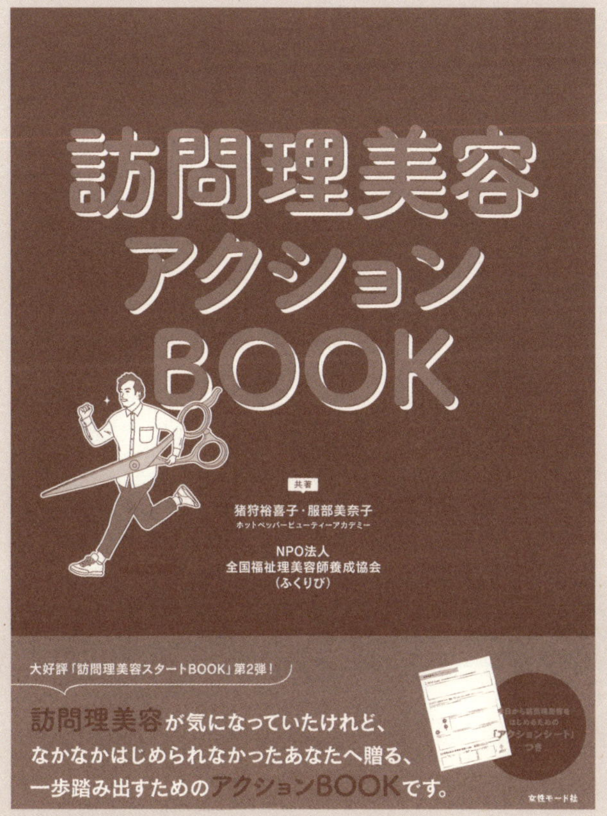

訪問理美容
アクション BOOK

共著／猪狩裕喜子・服部美奈子［ホットペッパービューティーアカデミー］、
NPO法人 全国福祉理美容師養成協会（ふくりび）
A4変型判　96ページ　本体2,000円＋税

訪問理美容サービスの開始に向けて、具体的に行動を起こすためのワークブック。“何から取り組めばいいのか分からない……”という人でも、目標と計画を具現化できる「アクションシート」付き。

お求めは、お近くのディーラー・書店または小社（TEL03-3953-0111／FAX 03-3953-0118／https://www.j-mode.co.jp/）まで。

美容室でできる
アピアランスサポートマニュアル

2018年4月25日　初版発行

定価 本体2,800円＋税

著者：NPO法人 全国福祉理美容師養成協会（ふくりび）
［赤木勝幸・岩岡ひとみ］

発行人：寺口昇孝

発行所：株式会社女性モード社
［本社］〒161-0033 東京都新宿区下落合3-15-27
TEL 03-3953-0111 FAX 03-3953-0118
［大阪支社］〒541-0043 大阪府大阪市中央区高麗橋1-5-14-603
TEL 06-6222-5129 FAX 06-6222-5357

印刷・製本：株式会社JPコミュニケーションズ

ブックデザイン：氏デザイン

イラスト：高橋由季（カバー・漫画）

監修（PART 1）：杉野安輝・福田仁代・荒川裕貴［トヨタ記念病院］

Published by JOSEI MODE SHA CO., LTD.
Printed in Japan